国家社科基金重点项目"《资本论》的古希腊思想渊源探究"
（19AZX001）的阶段性成果

白刚　编著

马克思《博士论文》导读

江苏人民出版社

图书在版编目（CIP）数据

马克思《博士论文》导读 / 白刚编著. —— 南京：
江苏人民出版社，2023.12

（马克思主义经典著作导读系列）

ISBN 978-7-214-28452-5

Ⅰ.①马… Ⅱ.①白… Ⅲ.①马克思著作研究 Ⅳ.
①A811

中国国家版本馆CIP数据核字(2023)第198457号

书　　名	马克思《博士论文》导读
编 著 者	白　刚
责任编辑	黄　山
特约编辑	贺银垠
装帧设计	刘葶葶
责任监制	王　娟
出版发行	江苏人民出版社
地　　址	南京市湖南路1号A楼，邮编：210009
照　　排	江苏凤凰制版有限公司
印　　刷	江苏凤凰通达印刷有限公司
开　　本	890毫米×1240毫米　1/32
印　　张	5.75
字　　数	116千字
版　　次	2023年12月第1版
印　　次	2023年12月第1次印刷
标准书号	ISBN 978-7-214-28452-5
定　　价	34.00元

（江苏人民出版社图书凡印装错误可向承印厂调换）

总　序

习近平总书记指出："战略问题是一个政党、一个国家的根本性问题。战略上判断得准确，战略上谋划得科学，战略上赢得主动，党和人民事业就大有希望。……战略是从全局、长远、大势上作出判断和决策。我们是一个大党，领导的是一个大国，进行的是伟大的事业，要善于进行战略思维，善于从战略上看问题、想问题。"[1] 要做好战略布局，首先必须解决"知"的问题。只有更好地"知"规律、"知"大局、"知"大势、"知"长远，才能更精准地把握人类发展大趋势、世界演变大格局、中国发展大方位，才能从全局、长远、大势上作出科学的战略谋划；反之，如果在理论思维和战略上判断失误了，那付出的代价将是不可估量的。毛泽东曾形象地阐述过这个问题："坐在指挥台上，如果什么也看不见，就不能叫领导。坐在指挥台上，只看见地平线上已经出现的大量的普遍的东西，那是平平常常的，也不能算领导。只有

---

[1] 《习近平谈治国理政》第四卷，外文出版社 2022 年版，第 31 页。

当着还没有出现大量的明显的东西的时候，当桅杆顶刚刚露出的时候，就能看出这是要发展成为大量的普遍的东西，并能掌握住它，这才叫领导。"[1]

那么，如何才能更好地"知"规律、"知"大局、"知"大势、"知"长远呢？从哲学的角度看，现实是本质与现象的融合。要想透过现象把握本质，掌握历史规律，谈何容易！马克思指出："如果事物的表现形式和事物的本质会直接合而为一，一切科学就都成为多余的了。"[2] 因此，现实绝不是直接可见的，同样，历史规律也绝不是仅仅依靠"眼睛"的直观就能看透的。望远镜可以穿越自然时空，看到浩瀚宇宙，然而射程再远的望远镜也望不穿历史时空，透视历史发展的规律；放大镜可以放大微小的物什，但倍数再大的放大镜也放不出时代发展大势；显微镜可以看透微尘粒子，但再精确的显微镜也看不透世界发展潮流。要把握历史规律，看透时代大势，认清世界潮流，就必须借助理论思维的慧眼。"一个民族要想站在科学的最高峰，就一刻也不能没有理论思维。"[3] 中华民族要实现伟大复兴，也同样一刻不能没有理论思维。而要"形成和提升这方面的能力，就要全面掌握辩证唯物主义和历史唯物主义的世界观和方法论。这是领导干部练就过

---

[1] 《毛泽东文集》第3卷，人民出版社1996年版，第394—395页。

[2] 马克思：《资本论》第3卷，人民出版社2004年版，第925页。

[3] 《马克思恩格斯选集》第3卷，人民出版社2012年版，第875页。

硬本领的法宝，每个领导干部都要好好学习，全面掌握，提升能力"[1]。这也是我们党反复强调学哲学、用哲学尤其是马克思主义哲学的重要原因。

"学习理论最有效的办法是读原著、学原文、悟原理，强读强记，常学常新，往深里走、往实里走、往心里走，把自己摆进去、把职责摆进去、把工作摆进去，做到学、思、用贯通，知、信、行统一。"[2]作为科学的世界观和方法论，马克思主义哲学是我们认识世界、把握规律、追求真理、改造世界的强大思想武器，是中国共产党人的"真经"，只有念好"真经"，把握贯穿其中的立场、观点、方法，并用其观察时代、把握时代、引领时代，才能更好地"知"规律、"知"大局、"知"大势、"知"长远，才能全面深化从理论思维向战略谋划再向实践方略的正确转化，增强未来工作的系统性、预见性、创造性，才能更好地解决中国问题，掌握未来发展的主动权。"实践告诉我们，中国共产党为什么能，中国特色社会主义为什么好，归根到底是马克思主义行，是中国化时代化的马克思主义行。"[3]

为贯彻落实习近平总书记"原原本本学习和研读经典著作，

1　习近平：《推进党的建设新的伟大工程要一以贯之》，《求是》2019年第19期。

2　习近平：《坚持用马克思主义及其中国化创新理论武装全党》，《求是》2021年第22期。

3　习近平：《高举中国特色社会主义伟大旗帜　为全面建设社会主义现代化国家而团结奋斗——在中国共产党第二十次全国代表大会上的报告》，人民出版社2022年版，第16页。

努力把马克思主义哲学作为自己的看家本领"和"读原著、学原文、悟原理"的重要指示精神，我们以习近平总书记在重要讲话和报告中提到或引用的马克思恩格斯经典著作为蓝本，精心策划编辑了这套高质量、普及化的插图版辅导读本，以期为党员干部和高校师生学习经典、研读经典提供读本支撑。

文本、思想与现实：
当代中国马克思哲学研究的理论自觉（代序）

白　刚

改革开放以来，以"哲学教科书改革"为标志，中国的马克思哲学研究取得了巨大进步。在此基础上，进入 21 世纪，学者们的研究越来越自觉地聚焦于马克思哲学的文本、思想及其与现实的关系问题，也即自觉在文本解读、思想阐释和现实关怀三者的张力之中，深入展开当代马克思哲学的研究。唯此，当代中国的马克思哲学研究才能取得更长足的繁荣和发展。

一、面向"文本"的理论自觉

马克思恩格斯本人的手稿及其经典著作，是马克思哲学思想的直接诞生地，也是我们深入研究和把握马克思哲学思想的第一手资料，更是我们"走进马克思"的不二法门。正因如此，改革开放以来，特别是自 20 世纪 90 年代起，国内一些学者高举"重读马克思""回到马克思""为马克思辩护"等大旗，深入解读马克思恩格斯的一系列经典文本及手稿，取得了马克思哲学文本解读的一系列新成果，大大推进了国内马克思哲学的研究。进入21世纪，学者们在经典文本解读的基础上，越发自觉地进入对马克思经典文本及手稿的版本考证、形成的理论逻辑和时代背景、发展和传播途径及历史演变和影响等问题的深入比较和分析中，以期更深入、更细致、更准确、更全面地还原和呈现马克思哲学诞生的真实文本语境和"历史原像"，从而为我们解读、研究和把握马克思哲学的本真精神提供最为真实、有效和权威的第一手文本资料。这样，我国的马克思哲学研究就避免了以苏联教科书和西方马克思主义研究为"模本"和"样板"的人云亦云状态。

应该说，当前我国马克思哲学研究中文本解读的理论自觉，已经摆脱了"解读文本＝钻故纸堆"的偏见，而是充分认识到要想深入展开和推进马克思哲学的当代研究，就必须"回到"马克思、"重读"马克思。但我们在深入解读马克思的经典文本及手稿的同时，还必须自觉认识和把握好马克思经典文本的"时代性"问题，即马克思恩格斯经典文本形成和适应的具体语境与今天的时代变化之间的关系问题。这实际上还是一种以真正的马克思的态度对待"马克思"的问题，也即真正摆脱先入为主的"主观主义"和"教条主义"的束缚的问题。其实，就马克思本人在经典文本中曾表达过的一些观点和思想而言，确实存在着具体的"时代性"和"针对性"问题。对此，恩格斯曾不止一次地强调，他和马克思没有提出任何一劳永逸的现成方案，"我们的理论是发展着的理论，而不是必须背得烂熟并机械地加以重复的教条"[1]，它们只是"行动的指南"。在这里，我们仅举两例：一是马克思和恩格斯在1872年为《共产党宣言》德文版共同写的"序言"中明确指出："由于最近25年来大工业有了巨大发展而工人阶级的政党组织也跟着发展起来，由于首先有了二月革命的实际经验而后来尤其是有了无产阶级第一次掌握政权达两月之久的巴黎公社的实际经验，所以这个纲领现在有些地方已经过时了"，因此"这些原理的实际运用……随时随地都要以当时的历史条件为转移"。[2]二是恩格斯在为马克思的《雇佣劳动与资本》写的"1891年单行本导言"中强调，马克思"在《政治经济学批判。第一分册》出版（1859年）以前发表的那些著作，有个别地方与他在1859年以后写的著作不尽一致，有些用语和整个语句如果用后来的著作中的观点来衡量，是不妥当的，甚至是不正确的"[3]。这就是马克思哲学的创始人对待自己文本的真实态度，更是我们今天的后学继承和对待马克思哲学文本的应有态度。所以说，我们今天解读马克思的经典文本，既要避免对马克思文本解读的主观任意性，随意"制造"马克思；又要避免"肢解"其某些话语，甚至是抓住某些只言片语，就以为拿到了"尚方宝剑"，到处"套用"马克思。

在当前国内兴起的对马克思哲学经典文本的解读热潮中，我们往往忽视的另一个重要问题是"谁来解读"——解读的"主

1　《马克思恩格斯文集》第10卷，人民出版社2009年版，第562页。
2　《马克思恩格斯文集》第2卷，人民出版社2009年版，第5—6页。
3　《马克思恩格斯文集》第1卷，人民出版社2009年版，第701页。

体"问题。马克思主义经典作家创作其文本的本意，绝不是为了自我欣赏和自我消遣，也不仅是为了公开发表和驳倒对手，更多是为了表明观点和澄清问题，从而更能够说服和掌握群众——变成群众手中批判和改造世界的思想武器。但实际上，今天马克思主义文本的解读主体，主要是大专院校和科研院所的一些研究者和理论家群体，相对于广大人民群众来说，阅读群体非常有限。对此，日本学者宫川彰的做法倒是对我们颇有启示：他四十多年来一直坚持组织日本的工农大众利用业余时间研读《资本论》。[1]实际上，正如恩格斯所言，《资本论》本来就是"工人阶级的圣经"。因此，宫川彰的这一做法，值得我们中国广大马克思主义研究者深思。

但解读文本绝不是停留于重复文本，而是为了更深入地把握和阐释马克思哲学的本真思想。也就是说，我们"解读马克思"是为了"走进马克思""理解马克思"和"解放马克思"。所以，我们今天解读马克思的文本，一方面要"走进马克思"——理解和把握马克思经典文本的本意，另一方面更要让马克思"走进群众"——用马克思的文本（理论）说服人，推动当代中国马克思主义真正"大众化"。一句话，解读"文本"，绝不是为了凸显"学术"，而是为了把握"思想"，即通过解读文本学会与马克思一起运思，在文本解读的可能性空间中寻找回应当下现实问题的理论生长点。

---

[1]　参见王振中《一位马克思理论信仰者的杰作》，载［日］宫川彰《解读〈资本论〉（第一卷）》，刘锋译，中央编译出版社2011年版，序言第1页。

二、面向"思想"的理论自觉

进入 21 世纪，随着文本解读的逐渐深入，国内马克思哲学研究出现了所谓"思想淡出""学术凸显"的现象。实际上，马克思哲学在今天之所以还具有生命力，绝不仅是因为作为"学术对象"而存在，而是作为"学理思想"而存在。否则，马克思早就被抛进历史的垃圾桶了。因此，面向"思想本身"，深入理解和把握马克思哲学的本真精神，应是当代中国马克思哲学研究最为重要的理论自觉。

在当今资本全球化扩张的时代，真正保持清醒认识和批判张力的，不是马克思恩格斯的某些文本"话语"，而是其永葆生机和活力的思想精髓——对现存的一切进行无情批判的"批判精神"。其实，早在 1843 年，马克思就强调，自己的"新思潮的优点就恰恰在于我们不想教条式地预料未来，而只是希望在批判旧世界中发现新世界"[1]。对此，恩格斯特别强调马克思首先是一个"革命家"；列宁也指出，"马克思主义同'宗派主义'毫无相似之处，它绝不是离开世界文明发展大道而产生的一种故步自封、僵化不变的学说。恰恰相反，马克思的全部天才正是在于他回答了人类先进思想已经提出的种种问题"[2]；梅林也认为马克思主义"排斥了每一种想把多变的人类生活视为一律的死板公式"[3]。这些论断都

1　《马克思恩格斯全集》第 1 卷，人民出版社 1956 年版，第 416 页。
2　《列宁选集》第 2 卷，人民出版社 1995 年版，第 309 页。
3　［德］梅林：《保卫马克思主义》，吉洪译，人民出版社 1982 年版，第 20 页。

充分表明，"在批判旧世界中发现新世界"是马克思哲学的根本思想精神和理论特性。从本质上说，马克思哲学绝不是一种解释性和预测性的知识，而是一种批判的标准和反思的尺度。在今天的马克思哲学研究中，我们更应该自觉地面向和坚持这一本真批判精神。

马克思哲学的这一本真批判精神，在马克思之后的一些"马克思主义"的"阐释传统"中却"遗失"或"走样"了。马克思之后的一些所谓的马克思主义的"阐释者"，往往只是抓住马克思完整思想的某一部分、某一片段或某一话语，把马克思主义的各个组成部分硬性地分割开和对立起来，实际上是误解、曲解甚至是肢解了马克思主义。如第二国际的一些理论家们，曾极力把哲学从马克思主义中驱逐出去，否认马克思主义有自己的哲学，主张用马赫主义等来补充马克思主义。考茨基就声称："我并不把马克思主义理解为任何哲学，而是把它理解为一种实验科学，即一种特殊的社会观。"[1]如果说第二国际的理论家们企图通过否定马克思哲学来否定或取代马克思主义科学体系的话，之后的一些西方马克思主义者则正好相反，他们企图把马克思主义仅仅归结为"哲学"。而当代西方出现的所谓"后马克思主义"，虽然也打着马克思主义的旗号，实则脱离了马克思主义。如以拉克劳、墨菲为代表的反对马克思主义的革命理论而强调政治霸权的"激进民主政治"，以鲍德里亚为代表的反对马克思主义的生产

1　转引自《陈先达文集》第3卷，中国人民大学出版社2006年版，第38页。

理论而强调消费的"符号交换"等，实质上都是打着马克思主义的旗号来反对或"取代"马克思主义的。因此，我们今天再阐释马克思的思想，绝不可任意地"过度阐释"，而应面向"思想本身"进行"合理阐释"。

对形形色色的所谓"马克思主义"的不同"阐释"，马克思在世时就曾表示过强烈不满和坚决反对，特别是对当时法国的一些打着马克思主义旗号的所谓"马克思主义者"，马克思就明确强调"我只知道我自己不是马克思主义者"。对此，恩格斯接着补充说，马克思大概会把海涅对自己的模仿者说的话转送给这些"先生们"："我播下的是龙种，而收获的却是跳蚤。"[1] 因此，重读马克思哲学的经典，把握马克思哲学的本真思想，并不是简单地回到马克思恩格斯的某个"文本"和说过的某些"话语"，而是要回到马克思恩格斯自己的思想旨趣，也即回到马克思恩格斯最终所要解决的"问题本身"——"以这种或那种方式参加推翻资本主义社会及其所建立的国家设施的事业"[2]，从而实现无产阶级及全人类的解放。应该说，对这一问题本身，马克思本人从青年到老年都有着充分的理论自觉。马克思在中学时就立志要选择"最能为人类福利而劳动的职业"；到青年时马克思又强调共产主义是使现存世界革命化的"自由人的联合体"；到了晚年，马克思在《资本论》中继续追求建立"以每个人的

1　《马克思恩格斯文集》第 10 卷，人民出版社 2009 年版，第 590 页。
2　《马克思恩格斯文集》第 3 卷，人民出版社 2009 年版，第 602 页。

全面而自由的发展为基本原则"的更高级的社会形式。所以说，马克思一生立足于对资本主义制度的极度贫富差别和不平等现象的批判，是对人的自由和解放的不懈追求。马克思为无产阶级的解放事业奉献了自己的一生，这就是"目标始终如一"的马克思。正因如此，他一生中最好的朋友和最伟大的战友恩格斯才在马克思去世后盖棺论定地说：马克思"首先是一个革命家"，现代无产阶级的"解放事业"是马克思"毕生的真正使命"。[1] 在此意义上，马克思是人类思想史上真正终生对资本主义进行最无情批判的"唯一的人"，他为我们今天批判和超越资本逻辑的全球统治开辟了广阔的可能性空间。

所以，解读马克思哲学经典文本，最根本的就是要抓住马克思哲学的思想精髓，并结合新的时代条件，努力推进这一思想的时代发展。邓小平在说到对待马克思主义的态度时，曾经用了两个很形象的词，一个叫"老祖宗"，一个叫"说新话"。我们既要坚持"老祖宗不能丢"[2]，遵循马克思哲学的基本理论和实践旨趣；又要敢于说"老祖宗"没有说过的新话，根据新的实践，把"老祖宗"说的东西加以丰富、发展和完善。这实际上就是如何处理马克思哲学研究中"照着讲"与"接着讲"的关系问题。在一定意义上，马克思哲学的本真思想和精神，不是僵化地隐藏在某些文本之中，而是活在人们以文本为基础的合理的创造性阐释当中。正是在这面向

1　《马克思恩格斯文集》第 3 卷，人民出版社 2009 年版，第 602 页。
2　《邓小平文选》第 3 卷，人民出版社 1993 年版，第 369 页。

"思想本身"的创造性阐释中，马克思哲学才获得了勃勃生机，才不仅表征和反映时代精神，而且塑造和引导新的时代精神。这才是真正意义上的"重读马克思""回到马克思"和"走进马克思"，才是真正用发展的马克思思想指导新的伟大实践。

三、面向"现实"的理论自觉

解读马克思哲学的经典文本，把握和阐释马克思哲学的本真思想，都是为了关注和改变当代现实。关注和改变现实，既是马克思哲学最根本的思想诉求，也是我们今天研究马克思哲学最根本的理论自觉。早在 1842 年的《〈科隆日报〉第 179 号的社论》中，青年马克思就强烈反对"哲学、尤其是德国的哲学"脱离现实的幽静孤寂和自我直观，而强调哲学不是"世界之外的遐想"，而是"时代精神的精华"和"文明的活的灵魂"，任何真正的哲学"不仅从内部即就其内容来说，而且从外部即就其表现来说，都要和自己时代的现实世界接触并相互作用"。[1]而在其后的《德意志意识形态》中，马克思进一步批评那些满嘴喊着"震撼世界的词句"的青年黑格尔派"没有一个想到要提出关于德国哲学和德国现实之间的联系问题，关于他们所作的批判和他们自身的物质环境之间的联系问题"[2]。恩格斯也专门批评德国一些青年人把历史唯物主义仅"当做标签贴到各种事物上去，再不作进一步的研究"，他告诫这样做"一切都可能被变成套语"，因此

---

1 《马克思恩格斯全集》第 1 卷，人民出版社 1956 年版，第 120—121 页。
2 《马克思恩格斯文集》第 1 卷，人民出版社 2009 年版，第 516 页。

必须重新研究"全部历史"和"现实问题"。[1]也正因如此，马克思才特别强调：哲学家们只是用不同方式"解释世界"，而问题在于"改变世界"。

马克思之前的旧哲学因其固有的"体系情结"，过分追求体系的构建和逻辑的自洽，而导致它们不自觉地偏执于"解释"，造成了"改变"的实际缺失。只有马克思哲学，真正立足于"人的根本就是人本身"，把"现实"当作"人的感性活动"去理解，关注"现实的人及其历史发展"，才彻底颠覆了抽象形而上学，打破了追求概念体系的哲学传统，使哲学从天国回到人间，在理解和把握人类历史发展的现实规律的基础上，通过"消灭现存状况的现实运动"来寻求和开辟人类解放的现实道路，从而自觉地实现了"改变世界"。现在一些对马克思哲学——不管是辩证唯物主义、历史唯物主义还是实践唯物主义——的理解，虽然都为反对抽象形而上学、重新理解马克思哲学做出了贡献，但它们在一定程度上不自觉地受潜在的"体系意识"所支配，仍然是在不自觉地寻求和建立一种超越现实的"隐性"的概念体系和"准原理"。它们对马克思哲学的理解，在一定意义上仍然是在直观的或抽象的理论领域里兜圈子，又不自觉地回到了旧体系哲学，很难对世界做出合理的改变，因而也只能是"非批判的实证主义"，而无法真正继承马克思哲学"改变世界"的历史使命。因此，我们应继续高举马克思哲学反直观、反抽象、

1　参见《马克思恩格斯文集》第10卷，人民出版社2009年版，第587页。

反体系的大旗，摆脱教条意识，走出原理情结，抛弃思辨梦想，沿着马克思所开辟的"对现存的一切进行无情的批判""实际地反对和改变事物的现状"的革命道路，在充分发掘和发挥马克思哲学批判精神的基础上，以革命意识和革命精神始终站在批判资本主义制度、推进社会变革和追求人类解放的最前沿，从而真正避免马克思哲学在面对当代现实——世界百年未有之大变局时的"失语"或"语焉不详"状态。

改革开放 40 多年来，马克思哲学发挥其特有的反思和批判功能，在推动中国社会的文明进步和中国人生存方式的跃迁方面发挥了积极的作用。随着中国特色社会主义现代化伟大建设的日益深入，如何以一种哲学的方式，揭示和阐明当代资本全球化背景下中国特色社会主义现代化的发展经验，概括出"有规律性的新实践"、提炼出"有学理性的新理论"，是对当代中国马克思主义哲学提出的新挑战。在当代中国，马克思哲学的创新必须走中国化、时代化和大众化之路。从根本上说，中国化就是提出、研究和回答中国问题，时代化就是提出、研究和回答现实问题，大众化就是提出、研究和回答群众问题。而这三个问题实际上可归结为一个问题——中国问题。但中国问题又不是中国自己的问题，而是中国与世界一起面对的世界性问题。这一世界性问题，从马克思哲学的视野看，仍然是"资本逻辑的全球化"问题，也即马克思指出的"个人现在受抽象统治"[1]的问题。要回答和解决好

---

1 《马克思恩格斯全集》第 30 卷，人民出版社 1995 年版，第 114 页。

这一问题，我们必须充分发挥马克思哲学的批判精神，以马克思的方式——"在批判旧世界中发现新世界"——来关注和改变现实。因为"问题并不在于实现某种空想的体系，而在于要自觉地参加我们眼前发生的改造社会的历史过程"[1]。所以，今天的马克思哲学研究依然离不开对现实资本主义的批判和超越。我们必须在资本全球化的背景下和中国特色社会主义现代化建设的历史语境中，具体分析资本逻辑新的统治形式导致的人类危机和困境，从而揭示出摆脱资本主义所主导的世界体系的可能性。也就是说，能够让马克思哲学真正深入今天被资本逻辑统治的人们的日常生活，让人们学会以马克思的方式来思考和关注现实，使人们在"后革命时代"保持一种清醒的革命意识和批判精神，敢于直面和回应人类发展所面临的重大理论和现实问题，敢于在"实践中"证明自己理论的"现实性和力量"。这才是研究和发展马克思哲学的真正价值和生命力之所在。

实际上，"作为有史以来对资本主义制度最彻底、最严厉、最全面的批判，马克思主义大大改变了我们的世界"[2]。今天由于全球性金融危机的爆发和蔓延，人们又开始重新关注作为"政治经济学批判"的马克思哲学，这无疑是对其本质意义的强有力的现实回应："现在是时候去除伪装，用现代人的思维来讲述马克思那不可思议的命运以及他非同常人的智

---

1   《马克思恩格斯全集》第19卷，人民出版社2006年版，第137页。
2   ［英］特里·伊格尔顿：《马克思为什么是对的》，李杨等译，新星出版社2011年版，第7页。

慧与政治轨迹……发现这位针砭时事之人的卓越之处。"[1]马克思才是真正的"千年伟人"，直到生命的最后一刻，马克思还在努力探求整个世界以及人类自由的原动力：只要是在一种团结的和反抗的精神下面对当代资本主义，在一个致力于建设以平等、自我实现和终结压迫为目的的传统中，马克思主义的批判精神仍然有着强烈持久的吸引力。[2]马克思代表着一种世界精神。无论是过去、现在还是将来，马克思值得拥有人们对他的所有期待：对于关心人类状况的所有人而言，甚至无论他们的政治观是什么样的，马克思都会为他们继续提供有意义的启示。

在此意义上，我们确实可以说马克思是现时代真正当之无愧的"人间的普罗米修斯"，马克思哲学仍然是21世纪人类走向自由解放的"助产婆"，马克思的伟大"幽灵"必将永驻人间。

1　［法］雅克·阿塔利：《卡尔·马克思》，刘成富等译，上海人民出版社2010年版，第3页。

2　［美］安德鲁·莱文：《什么是今天的马克思主义者？》，载［加］罗伯特·韦尔、凯·尼尔森编《分析马克思主义新论》，鲁克俭等译，中国人民大学出版社2002年版，第33页。

目录

导论　不在场的在场：
"缺席"的哲学博士

　　1841 年 3 月 30 日，在柏林大学读了近五年的卡尔·马克思，终于获得了由法律系和哲学系两个系的系主任共同签名的毕业证书。对马克思来说，这份毕业证书的获得实属不易。从 1835 年 10 月进入波恩大学学习（1836 年 10 月转入柏林大学），已经过去了

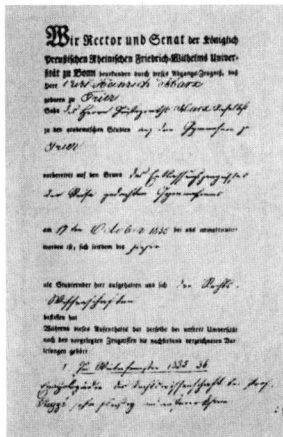

1836 年马克思的波恩大学肄业证书

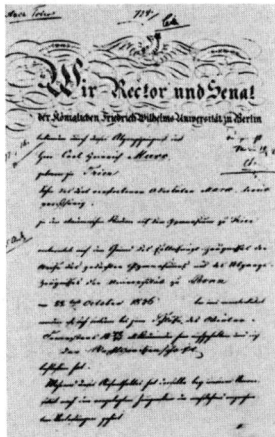

1841 年马克思的柏林大学毕业证书

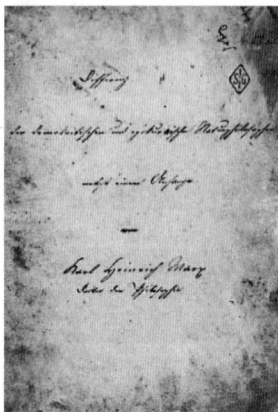

马克思《博士论文》
封面

近六年的时间。

大学毕业一周之后的 1841 年 4 月 6 日，马克思就将自己为申请哲学博士学位而写的论文——《德谟克利特的自然哲学和伊壁鸠鲁的自然哲学的差别》，以及申请书、个人自传、波恩大学肄业证书和柏林大学毕业证书，从柏林寄给了耶拿大学哲学系系主任卡尔·弗里德里希·巴赫曼教授。又一周之后的 1841 年 4 月 13 日，巴赫曼教授向哲学系系务委员会提交了自己亲自撰写的关于卡尔·马克思博士论文的推荐书，并给予了马克思肯定性的高度评价："谨向诸位推荐特利尔的卡尔·亨利希·马克思先生这位极有资格的候选人"，"该博士论文证明该候选人才智高超、见解透彻、学识渊博，本人认为该候选人实应授予学衔"。[1] 该系的七位委员一致赞同巴赫曼教授推荐书的意见。于是，1841 年 4 月 15 日，在马克思不在场的情况下，耶拿大学授予马克思哲学博士学位并颁发了证书。

自此，一位以思想改变世界、为人类幸福而工作并奋斗终生的"红色博士"，永不屈服的革命斗士，

1　《马克思恩格斯全集》第 40 卷，人民出版社 1982 年版，第 898—899 页。

诞生了。

　　表面上看，马克思获得博士学位
的过程比较轻松；实际上，马克思为
申请博士学位而撰写博士论文的时间
很长。1835 年 10 月，马克思进入波恩
大学学习法律。一年后的 1836 年 10 月，
马克思转入柏林大学继续学习法律，
但他喜欢的是哲学。1837 年夏，因病
在柏林近郊施特拉劳休养期间，马克
思"从头到尾读了黑格尔的著作，也读了他大部分弟
子的著作"[1]，其理论兴趣开始从康德和费希特转向
黑格尔。在写《博士论文》之前，马克思就曾模仿黑
格尔的思辨逻辑写过一篇将近 24 印张的对话——《克
莱安泰斯，或论哲学的起点和必然的发展》（很遗憾，
马克思的第一篇哲学习作没有保存下来），想使彼此
完全分离的科学和艺术在一定程度上结合起来。在该
文中，马克思强调自己着手通过概念本身、宗教、自然、
历史这些神性的表现从哲学上辩证地揭示神性，但该
文实际上是一部追随黑格尔的"新逻辑学"。正因如
此，马克思说自己"这部著作，这个在月光下抚养大
的我的可爱的孩子，象欺诈的海妖一样，把我诱入敌

耶拿大学授予马克思
的哲学博士学位证书
（1841 年 4 月 15 日）

1　《马克思恩格斯全集》第 40 卷，人民出版社 1982 年版，第 16 页。

人的怀抱"[1]。可以说，马克思的第一篇"哲学习作"本质上还是一个具有浪漫色彩的理想主义的产物。但对青年马克思来说，"帷幕降下来了，我最神圣的东西已经毁了，必须把新的神安置进去"[2]。特别是后来加入"博士俱乐部"之后，马克思的思想开始有了更明确的转变。对此，马克思在写给父亲的信中总结道：

> 我从理想主义，——顺便提一提，我曾拿它同康德和费希特的理想主义比较，并从其中吸取营养，——转而向现实本身去寻求思想。如果说神先前是超脱尘世的，那么现在它们已经成为尘世的中心。
>
> 先前我读过黑格尔哲学的一些片断，我不喜欢它那种离奇古怪的调子。我想再钻到大海里一次，不过有个明确的目的，这就是要证实精神本性也和肉体本性一样是必要的、具体的，并且具有同样的严格形式；我不想再练剑术，而只想把真正的珍珠拿到阳光中来。[3]

为此，马克思接受了自己在"博士俱乐部"的人

---

1   《马克思恩格斯全集》第40卷，人民出版社1982年版，第15页。
2   《马克思恩格斯全集》第40卷，人民出版社1982年版，第14—15页。
3   《马克思恩格斯全集》第40卷，人民出版社1982年版，第15页。

生导师——布鲁诺·鲍威尔的建议，为做一名
大学哲学教师而努力撰写博士论文。

　　获得博士学位后，马克思愉快地把自己
的博士论文送给了燕妮的父亲，也即自己后来
的岳父。论文扉页上写着"献给敬爱的父亲般
的朋友——政府枢密顾问官——特利尔的路
德维希·冯·威斯特华伦先生，借以表达子弟
的敬爱之意"[1]。而在《博士论文》的献辞中，
马克思又真诚地表示："我敬爱的父亲般的
朋友，请您原谅我把我所爱慕的您的名字放在
一本微不足道的小册子的开头。我已完全没有
耐心再等待另一个机会来向您略表我的一点敬爱之意
了。"[2] 冯·威斯特华伦和马克思是忘年交，他在马
克思小时候就很喜欢聪明的马克思。他对文学特别是
荷马和莎士比亚等人的作品都很熟悉，经常带马克
思朗读一些文学作品，在文学修养方面对马克思和
燕妮影响很大。

　　略有遗憾的是，马克思的母亲罕丽达希望儿子获
得的是法学博士证书而不是哲学博士证书。自 1838
年 5 月 10 日马克思的父亲亨利希·马克思病逝后，
家庭的重担就落到了这位勤劳的女性身上。她对作为
家中长子的马克思只要求一件事：尽快获得学位和

（上图）路德维
希·冯·威斯特华
伦（1770—1842），
特利尔的枢密顾问，
燕妮的父亲，马克
思的良师和忘年交
（下图）亨利希·
马　克　思（1777—
1838），德国特利尔
城的律师，启蒙主
义者，卡尔·马克
思的父亲

1　《马克思恩格斯全集》第40卷，人民出版社1982年版，第185页。
2　《马克思恩格斯全集》第40卷，人民出版社1982年版，第187页。

高官厚禄。而马克思获得的哲学博士证书，大大减少了他谋得有利可图的实际职位的可能性。对马克思及其家庭来说，确实少了一位养家糊口的律师；而对全世界受苦的人来说，却多了一位伟大的"革命导师"。

本来，马克思宁愿违背父母的愿望，也要撰写《博士论文》和申请哲学博士学位，为的是到鲍威尔工作的波恩大学，也是马克思自己就读的第一所大学，谋求一个哲学教师的职位——这也是马克思一生中自己主动谋求并乐意从事的为数不多的一个职业。可等马克思顺利获得哲学博士学位后，鲍威尔本人却被波恩大学辞退了。自然，作为鲍威尔的追随者与合作者的马克思，也就求职无望了。

获得哲学博士学位后的马克思，从事的第一份正式工作，是到《莱茵报》做编辑。1842 年 3 月，马克思开始为《莱茵报》撰稿，7 月正式到《莱茵报》编辑部工作。实际上，这几乎是马克思时代青年黑格尔派成员的共同命运——"在 19 世纪中期的德国大学中，没有无神论者或民主人士的容身之地。没有一个青年黑格尔派成员能在大学获得大学职位，他们被迫从事自由撰稿人、记者以及其他经济来源不稳定的职业"[1]。在《莱

［美］乔纳森·斯珀伯：《卡尔·马克思：一个 19 世纪的人》，邓峰译，中信出版社 2014 年版

1　［美］乔纳森·斯珀伯：《卡尔·马克思：一个 19 世纪的人》，邓峰译，中信出版社 2014 年版，第 43 页。

茵报》编辑部，作为"哲学博士"的青年马克思以烈火般的热情投入工作中，他的才华得到了充分的发挥。由于马克思博士针砭时弊，犀利且深刻，《莱茵报》由一份为新兴资产阶级服务的地方性报纸逐渐转变为为底层人民仗义执言的颇有影响的全国性报纸。马克思在对该报进行了几个月卓有成效的管理之后，10月15日被任命为主编。在马克思的负责下，几个月的时间里报纸的发行量增加了一倍多。马克思博士的个性极具支配性，以至于书报检查官把该报组织称为纯粹"马克思一人的专政"[1]。

电影《青年马克思》
剧照

当时的马克思，已经被一种远比哲学更强烈的兴趣吸引住了，他走上了政治斗争的道路，他借助《莱茵报》继续进行这个斗争，而不再去"纺他那哲学的线了"[2]。1842年的最后几个月，《莱茵报》开始声播全国。该报的一位撰稿人这样描述该报：

> 普鲁士和德意志拥有的一切年轻的、有新鲜自
> 由思想的或者（作为政府抱怨的联盟者的）革命思
> 想的天才都到这里避难来了。他们使用各式各样的
> 武器，进行斗争，庄重、嘲弄、博学、通俗，今天

---

1 转引自［英］戴维·麦克莱伦《卡尔·马克思传》，王珍译，中国人民大学出版社2005年版，第41页。

2 ［德］弗·梅林：《马克思传》，樊集译，人民出版社1972年版，第48页。

用散文，明天用诗歌，为着共同的目标而结合一起，书报检查官和警察与他们的争斗是徒劳的……[1]

而《莱茵报》的24岁的年轻主编给人的印象并不比报纸少。《莱茵报》的一个编辑留下了对当时马克思的生动描写：

> 来自特利尔的卡尔·马克思，24岁，充满力量，浓密的毛发生动地长在他的脸颊、胳膊、鼻子和耳朵处。他专横、冲动、热情，有着无限的自信，但同时又非常严谨、博学，是一个不知疲倦的辩论家。他用强烈的犹太人的深刻敏锐性把青年黑格尔派的每一个学说命题都推到底；通过对经济学的集中研究，他当时已经准备转向共产主义。在马克思的带领下，这份年轻的报纸很快开始了丝毫不计后果地发表言论……[2]

莫泽斯·赫斯(1812—1875)，德国哲学家，社会主义者，《莱茵报》的编者之一，马克思的同事和朋友，主要著作有《论货币的本质》《共产主义信条问答》等

马克思在"博士俱乐部"结识的一个叫莫泽斯·赫斯（后来《莱茵报》的编者之一，据说是他把共产主义思想带进德国）的青年朋友，在见到马克思之后，印象极为深刻，他对马克思也极为推崇。1841年9月2日，赫斯在科隆向他的朋友奥艾尔巴赫写信极

1　转引自［英］戴维·麦克莱伦《卡尔·马克思传》，王珍译，中国人民大学出版社2005年版，第41—42页。

2　转引自［英］戴维·麦克莱伦《卡尔·马克思传》，王珍译，中国人民大学出版社2005年版，第42页。

力推荐马克思：

你将准备认识一位伟大的、也许是唯一现在还活着的真正的哲学家。不久，他将公开露面（不论在著作中，还是在讲台上），那时，他将引起德国的注意。不论就他的趋向来说，还是就他的哲学思想的形成来说，他不仅超过了施特劳斯，而且也超过了费尔巴哈，而超过后者，就说明很多问题！如果我能到波恩去，而他在讲授逻辑学的话，那我将是他最勤奋的听众。我一直希望能有这样一个人当自己的哲学教师。……

我所崇拜的马克思博士还是一个很年轻的人（大概不到二十四岁）。他将给中世纪的宗教和政治以最后的打击。他把最机敏的才智与最深刻的哲学严肃性结合起来。你想一想，卢梭、伏尔泰、霍尔巴赫、莱辛、海涅和黑格尔在一个人身上结合起来了（我说的是结合，不是混合），这就是你将得到的关于马克思博士的概念。[1]

大卫·施特劳斯（1808—1874），德国唯心主义哲学家，青年黑格尔派的代表人物之一，主要著作有《耶稣传》

让-雅克·卢梭（1712—1778），法国18世纪哲学家、教育家、文学家，民主政论家和浪漫主义文学流派的开创者，启蒙运动代表人物之一，主要著作有《论人类不平等的起源和基础》《社会契约论》《爱弥儿》《忏悔录》等

---

1 中共中央马克思恩格斯列宁斯大林著作编译局编译：《人间的普罗米修斯》，人民出版社1983年版，第41页。

霍尔巴赫（1723—1789），生于德国巴伐利亚，后移居法国，18世纪法国启蒙思想家、哲学家，与狄德罗等人参加了《百科全书》的编纂工作，"百科全书派"主要成员之一，主要著作有《自然的体系》《社会的体系》《揭穿了的宗教》等，《自然的体系》一书有"唯物主义的圣经"之称

六个杰出的伟大历史人物"结合"在一起，才能抵得上一个马克思博士，这就是青年马克思博士初登社会舞台后，留给赫斯的深刻而伟大的非凡印象。除了马克思没能登上波恩大学的讲坛外，赫斯所说的其他方面都发生了。

伏尔泰（1694—1778），法国启蒙思想家、文学家、哲学家，18世纪法国资产阶级启蒙运动的旗手，被誉为"法兰西思想之王""法兰西最优秀的诗人""欧洲的良心"，主要著作有《哲学通信》《哲学辞典》等

莱辛（1729—1781），德国启蒙运动时期剧作家、美学家、文艺批评家，主要著作有《关于当代文学的通讯》《拉奥孔》等

一、"青年马克思"的时代

1. 非历史的同时代：封建专制的普鲁士

19世纪三四十年代的德国，在经历了法国大革命和拿破仑战争的巨大动乱后，被打上了不能实现民族统一和资产阶级革命的深刻烙印。德国还是一个四分五裂而又封建专制的松散联邦，其中最大的邦国就是马克思所生活和学习的普鲁士王国。

1818年5月5日，马克思出生于德国西南部的特利尔城，该城属于普鲁士王国临近法国的莱茵省。1792年，歌德曾造访过特利尔，称该城为"别具风格且令人赞叹的城堡"[1]。在拿破仑战争时期，由于德国战败，这座城市连同莱茵河畔的其他地区都划归法国，并且依照法国大革命的基本原则进行管理，因此，在足够长的时间里，这座城市都浸润在言论自由

---

[1] 转引自［意］马塞罗·默斯托《另一个马克思：从早期手稿到国际工人协会》，孙亮译，中国人民大学出版社2022年版，第13页。

19 世纪 30 年代的马克思的故乡——特利尔

和立宪自由的氛围中，这是德国其他任何地方都没有的。"在拿破仑统治下，德国市民还继续靠他们的微小的盘剥和伟大的幻想过日子。……德国市民们骂拿破仑逼得他们喝假咖啡，骂拿破仑驻兵和募兵扰乱了他们的安宁，他们把自己的所有精神上的愤慨都发泄在拿破仑身上，而把自己的一切赞扬加给英国。其实，

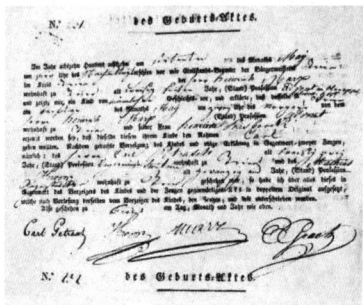

马克思的出生证（上面有他的父亲亨利希·马克思的签名）

拿破仑清扫了德国的奥吉亚斯的牛圈，修筑了文明的交通大道，为他们作了极大的贡献，而英国人却只是找适当机会去 à tort et à travers（不择手段，千方百计）剥削他们"[1]。另外，特利尔还是德国最早出现法国空想社会主义思想的城市——"法国空想社会主义理

---

[1]　《马克思恩格斯全集》第3卷，人民出版社1960年版，第214页。

马克思的故居（德国特利尔市布吕肯街 10 号），1818
年 5 月 5 日卡尔·马克思出生于此

为纪念马克思诞辰 200 周年，中国政府赠给特利尔市
的马克思雕像（吴为山作）

论在德国出现的第一站"[1]。马克思在特利尔度过了

1　［意］马塞罗·默斯托：《另一个马克思：从早期手稿到国
　　际工人协会》，孙亮译，中国人民大学出版社 2022 年版，第
　　14 页。

德国为纪念马克思诞辰 200 周年发行的 0 欧元纪念币

无忧无虑的快乐童年和中学阶段。因此，马克思不仅有着来自特利尔城的莱茵河畔口音，而且更为重要的是，他对历史一贯而专注的热情也正源于年少时的这种特殊环境。

相比马克思度过童年和少年时代的莱茵省，普鲁士王国的其他地方相对落后得多，包括他后来读大学的作为普鲁士首都的柏林。青年马克思充满了革命的激情，而面对的却是落后的封建专制。在马克思看来，"专制制度的唯一原则就是轻视人类，使人不成其为人，而这个原则比其他很多原则好的地方，就在于它不单是一个原则，而且还是事实"[1]。普鲁士王国与英法两国的根本不同，就在于它仍处于封建君主专制的统治之下，而经过英国资产阶级革命和法国大革命，英法两国很早就已确立了统一的资产阶级统治，各自拥有一个统一的民族市场，而在还处于四分五裂

1　《马克思恩格斯全集》第 1 卷，人民出版社 1956 年版，第 411 页。

之中的德国，资本主义的生产方式只能缓慢地发展着。这种四分五裂带来的一大后果就是：德国资产阶级在政治见解——所谓自由主义——上的不统一和在政治活动上的不彻底，"自由主义肩上的华丽斗篷掉下来了，极其可恶的专制制度已赤裸裸地呈现在全世界的面前"[1]。即便是"在柏林，资产阶级的自觉还没有得到像莱茵省的高度发达的工业所给予它的那种强有力的支持。而当斗争转到实际问题方面的时候，普鲁士的首都不但落在科伦后面，甚至连莱比锡和科尼斯堡都不如"[2]。如果说，德国资产阶级直到 19 世纪 30 年代还不够成熟，不够强大，不足以从政治上击败封建主义，给它来一个毁灭性的打击，但在哲学和意识形态领域，他们毕竟为资产阶级革命做好了理论准备，而这种准备主要是由德国古典哲学来完成的。德国古典哲学最杰出的代表——康德、费希特、黑格尔和费尔巴哈的思想和著作不仅反映了方生的资本主义社会和垂死的封建秩序之间的矛盾，也暴露了年轻的德国资产阶级在政治上的不彻底性。不过，它们毕竟为德国的资产阶级变革开辟了道路。对此，马克思指出，普鲁士只是"当代的**哲学**同时代"，而不是"当代的

1　《马克思恩格斯全集》第 1 卷，人民出版社 1956 年版，第 407 页。

2　［德］弗·梅林：《马克思传》，樊集译，人民出版社 1972 年版，第 31 页。

亨利希·海涅（1797—1856），德国抒情诗人和散文家，被称为"德国古典文学的最后一位代表"，主要著作有《罗曼采罗》《佛罗伦萨之夜》《德国——一个冬天的童话》等，是马克思在巴黎时的忘年交

历史同时代"。[1] 所以，面对法国大革命的狂飙和英国甚至包括俄国的现实状况，德国只有"梦想"的份儿。马克思在柏林读大学时写的一首讽刺短诗中，很形象地讽刺了德国人的"梦想"状态：

> 德意志人在安乐椅上，
> 痴呆呆地坐着，一声不响。
> 四周的急风暴雨在发怒，
> 天上阴霾黯黯，浓云密布，
> 雷声隆隆，闪电蜿蜒似蛇舞，
> 他们的脑海里却风平浪静，安之若素。[2]

后来在《德意志意识形态》中，马克思还引用自己喜欢的德国大诗人，也是自己的忘年交海涅《德国——一个冬天的童话》中的诗句来描述当时的普鲁士王国：

> 法国人和俄国人占有了陆地，
> 海洋是属于英国人的，
> 我们的支配权却不用说，

1　《马克思恩格斯选集》第 1 卷，人民出版社 2012 年版，第 7 页。

2　《马克思恩格斯全集》第 40 卷，人民出版社 1982 年版，第649—650 页。

只是在梦的王国里。[1]

马克思认为，正像古代各民族是在想象中、在神话中经历了自己的史前时期一样，德国人在思想中、在哲学中经历了自己的未来的历史。在英国和法国行将完结的事物，在德国却刚刚开始；英法两国在理论上激烈反对的，然而又像戴着锁链一样不得不忍受的陈旧腐朽的制度，在德国却被当作美好未来的初升朝霞而受欢迎。作为充满了革命激情的民主主义者的青年马克思大声呼吁："向德国制度**开火**！一定要开

海涅在马克思家做客（茹科夫作）

1　转引自《马克思恩格斯全集》第3卷，人民出版社1960年版，第554页。

火！这种制度虽然**低于历史水平，低于任何批判**，但依然是批判的对象"[1]。德国现状是旧制度的公开的完成，而旧制度是现代国家的隐蔽的缺陷。对此，马克思幽默而深刻地反问："如果我们的自由历史只能到森林中去找，那么我们的自由历史和野猪的自由历史又有什么区别呢？"[2]

当青年马克思来到柏林时，康德、费希特和黑格尔均已去世，但他们的思想，尤其是黑格尔主义，在德国的知识界仍占统治地位。按恩格斯的理解，"正像在 18 世纪的法国一样，在 19 世纪的德国，哲学革命也作了政治变革的前导"[3]。所以，在马克思和青年黑格尔派的视野中，他们的主要任务，依然是从宗教神权和封建王权的统治中解放出来，去追求和实现人的精神自由和现实幸福。这也正是青年马克思——这位"为人的解放而奋斗的年轻战士"[4]积极加入青年黑格尔派并心仪伊壁鸠鲁哲学的外在社会历史原因。在这里，作为著名的马克思传记作家的麦克莱伦说，"马克思在柏林大学伊始，与中学毕业作文中表现的思想相比，发生了巨大变化。他不再为为人类服务的思想所鼓舞；不再关注于要把自己安置在一个可

1　《马克思恩格斯选集》第 1 卷，人民出版社 2012 年版，第 4 页。

2　《马克思恩格斯选集》第 1 卷，人民出版社 2012 年版，第 4 页。

3　《马克思恩格斯选集》第 4 卷，人民出版社 2012 年版，第 220 页。

4　［南斯拉夫］普雷德拉格·弗兰尼茨基：《马克思主义史》（第一卷），胡文建等译，黑龙江大学出版社 2015 年版，第 36 页。

以最好地为这一崇高理想而献身的位置上"[1]，这种
说法是难以令人信服的。实际上，正如马克思后来在
"自白"中所言：自己的最大特点就是"目标始终如
一"。而这一始终如一的"目标"，就是一生为人类
的自由和幸福而斗争。在此根本而重要的意义上，马
克思自青年时代起就是一个"替时代背书的人"。

戴维·麦克莱伦（1940— ），英
国肯特大学政治学教授，现为伦敦
大学政治学客座教授，国际知名的
马克思主义研究者，其有关马克思
主义的著述在欧美有着巨大的学术
影响力，其关于马克思的传记被公
认为英语世界最权威的马克思生
平、思想研究文献之一，主要著作
有《卡尔·马克思传》《马克思思
想导论》等

［英］戴维·麦克莱伦：《卡
尔·马克思传》，王珍译，中
国人民大学出版社 2005 年版

---

1 ［英］戴维·麦克莱伦：《卡尔·马克思传》，王珍译，中
   国人民大学出版社 2005 年版，第 19 页。

2.“后黑格尔”的思想启蒙时代

1836 年 10 月 22 日，青年马克思从波恩大学正式转入柏林大学时，黑格尔刚去世五年。作为肉体的黑格尔虽然去世了，但作为精神的黑格尔依然活着。在柏林大学法律系和哲学系执教的，多为黑格尔的嫡传弟子，可以说，当时的柏林大学仍是黑格尔哲学精神和哲学体系的一统天下。黑格尔哲学对德国的影响，主要体现在其国家学说和自我意识哲学两个方面。黑格尔把国家尊崇为伦理观念的化身，尊崇为绝对合乎理性的东西和绝对的目的本身。国家对个人具有无上的权威，而个人的最高义务就是成为国家的一员。这一国家学说极其合乎普鲁士政府的口味。诚如恩格斯

（上图）黑格尔（1770—1831），德国古典哲学的集大成者，创立了思辨唯心主义体系，做过柏林大学校长，主要著作有《精神现象学》《逻辑学》《法哲学原理》《哲学史讲演录》等
（下图）［德］黑格尔：《哲学史讲演录》第一卷，贺麟、王太庆译，商务印书馆 1996 年版

所言，黑格尔的体系“在某种程度上已经被推崇为普鲁士王国的国家哲学”[1]。

作为普鲁士国家哲学的黑格尔哲学，虽然是保守的，却绝不是伪善的。黑格尔的国家哲学和普鲁士王国之间的联盟只是一种“利害打算的婚姻”——只要双方认为还有利可图，这种联盟关系就能维持下去。[2]

1　《马克思恩格斯选集》第 4 卷，人民出版社 2012 年版，第 220 页。
2　参见［德］弗·梅林《马克思传》，樊集译，人民出版社 1972 年版，第 25 页。

马克思在柏林大学学习时，柏林大学正处于"后黑格尔时代"，依然是反宗教的和启蒙的，自我意识觉醒的时代。"人们似乎可以承认，1840年德国青年知识分子从黑格尔那里继承来的思想，同他们的外表相反，包含着一部分含蓄的、被掩盖的、经过伪装的和改变了方向的真理，而马克思在经过多年的理论努力后，终于用批判的威力把这一真理挖掘了出来，使它重见了天日和得到了公认。"[1]这也是青年马克思看重并参加青年黑格尔派的"博士俱乐部"的主要原因所在。

在一定意义上，反宗教的无神论和追求启蒙的精神自由，是马克思与青年黑格尔派的共同理论旨趣。而在柏林大学就读时的青年马克思主要追随的是黑格尔的自我意识哲学，来到巴黎后的马克思主要反对的是黑格尔的国家哲学。正是在反对宗教和追求精神自由的意义上，喜爱古希腊哲学的马克思认为"后黑格尔时代"类似于古希腊的"后亚里士多德时代"。而古希腊的"后亚里士多德时代"，主要是指伊壁鸠鲁主义、斯多葛主义和怀疑主义三大学派。这三大学派的哲学观点及其哲学史地位，被人们根本忽视或否定了。"在我看来，如果那些较早的体系在希腊哲学的内容方面是较有意义、较有兴趣的话，那么亚里士多

1　［法］阿尔都塞：《保卫马克思》，顾良译，商务印书馆2010年版，第61页。

德以后的体系，主要是伊壁鸠鲁派、斯多葛派和怀疑派这一系列学派则在其主观形式，在其性质方面较有意义、较有兴趣。然而正是这个主观形式，即这些哲学体系的精神承担者，由于它们的形而上学的特点，直到现在几乎完全被遗忘了。"[1]

对此，马克思在为自己的《博士论文》写的"新序言"草稿中明确声明："我献给公众的这篇论文，是一篇旧作，它当初本应包括在一篇综述伊壁鸠鲁、斯多葛派和怀疑派哲学的著作里，鉴于我正在从事完

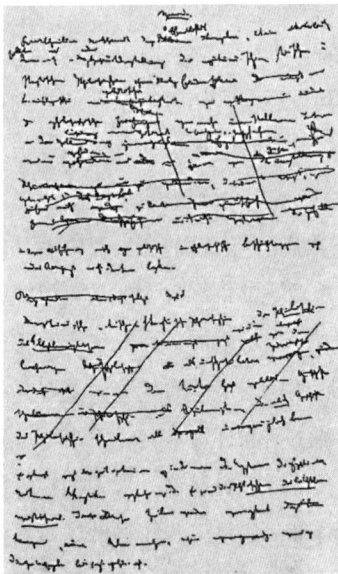

马克思《博士论文》新序言草稿（片段）

---

[1] 《马克思恩格斯全集》第40卷，人民出版社1982年版，第195页。

全不同性质的政治和哲学方面的研究，目前我不能指望完成这一著作。只是现在，伊壁鸠鲁派、斯多葛派和怀疑派体系为人理解的时代才算到来了。他们是自我意识哲学家。这篇短序将表明，迄今为止这项任务解决得多么不够。”[1]也就是说，青年马克思慧眼识珠，将晚期古希腊思想的位置摆在了德国启蒙运动的舞台之上，看到了“后亚里士多德时代”三大哲学流派的“自我意识哲学”的启蒙及其哲学史意义。

　　亚里士多德以后的古希腊晚期哲学，由于其推动自我意识的精神色彩而得到以鲍威尔为代表的青年黑格尔派的青睐。马克思与青年黑格尔派一样，把亚里士多德以后的古希腊晚期哲学家当作自己哲学活动的原型，从而在这些哲学流派中找到了体现自我意识原则的典型代表人物和为无神论而斗争的战士——伊壁鸠鲁。在马克思这里，古希腊晚期哲学家伊壁鸠鲁，是“十八世纪法国启蒙运动的无神论者和宗教批判家的先驱”[2]。所以说，马克思之所以选择古希腊哲学史上“后亚里士多德时代”的德谟克利特和伊壁鸠鲁的自然哲学作为研究对象，并不是随意的。马克思认为，古希腊晚期出现的伊壁

（上图）亚里士多德（前384—前322），古希腊伟大的哲学家、科学家和教育家，曾做过马其顿国王亚历山大大帝的老师，堪称古希腊哲学的集大成者，马克思称其为“希腊哲学中的马其顿王”，主要著作有《政治学》《尼各马可伦理学》《修辞学》等

（下图）［古希腊］亚里士多德：《修辞学》，罗念生译，生活·读书·新知三联书店1991年版

1　《马克思恩格斯全集》第40卷，人民出版社1982年版，第286页。
2　［波兰］兹维·罗森：《布鲁诺·鲍威尔和卡尔·马克思：鲍威尔对马克思思想的影响》，王谨等译，中国人民大学出版社1984年版，第180页。

鸠鲁主义、斯多葛主义和怀疑主义并不是"一些特殊现象"，而是"罗马精神的原型"，即"希腊迁移到罗马去的那种形态"，它们"充满了特殊性格的、强有力的、永恒的本质，以致现代世界也应该承认它们的充分的精神上的公民权"。[1]对此，麦克莱伦的判断是明确而深刻的：马克思"认为亚里士多德之后的哲学包含有现代思想的本质要素：它们奠定了罗马帝国的哲学基础，深刻影响了早期基督教道德，同时还含有18世纪启蒙运动理性主义的显著特征"[2]。

在此意义上，"后亚里士多德时代"类似于马克思生活的"后黑格尔时代"。马克思之所以选择"后亚里士多德时代"的古希腊晚期哲学作为研究对象，"是想通过考察希腊历史上相似的时期来阐明当代的后黑格尔哲学境况"[3]。伊壁鸠鲁之于德谟克利特，类似于马克思之于黑格尔。马克思研究和立足的虽是古希腊，但思考和面向的却是当时的社会现实，他是在用古希腊反观现实，这才是马克思《博士论文》的真正主旨所在。这一面向现实的主旨，必然孕育着从"哲学批判"走向作为"政治经济学批判"和"资本主义社会解剖学"的《资本论》的最初"萌芽"。

1　《马克思恩格斯全集》第40卷，人民出版社1982年版，第194页。

2　［英］戴维·麦克莱伦：《卡尔·马克思传》，王珍译，中国人民大学出版社2005年版，第27页。

3　［英］戴维·麦克莱伦：《卡尔·马克思传》，王珍译，中国人民大学出版社2005年版，第28页。

二、马克思为什么要写《博士论文》

1."博士俱乐部"的积极分子

马克思在柏林大学读书时，加入了一个"博士俱乐部"。"博士俱乐部"是 1837 年在柏林出现的黑格尔派左翼激进分子代表——青年黑格尔派的小组。从 19 世纪 30 年代中期到 40 年代中期，在不到十年的时间里，青年黑格尔派被裹挟在知识上的探索、神学上的论辩及政治上的质疑中，而这种质疑将青年黑格尔派的成员由小圈子中的内部人士转变成圈子之外的公众人物，即激进理念的温和支持派及无神论的信仰者。[1]马克思作为这波浪潮的青年黑格尔派中的核心成员，他的思想、行动及个人生活也因此与该群体有了千丝万缕的联系。

1　参见［美］乔纳森·斯珀伯《卡尔·马克思：一个 19 世纪的人》，邓峰译，中信出版社 2014 年版，第 42 页。

布鲁诺·鲍威尔（1809—1882），德国哲学家，青年黑格尔派的核心人物之一，曾在柏林大学、波恩大学任教，是马克思在柏林大学时的老师、导师和密友。主要著作有《福音的批判及福音起源史》《同观福音作者的福音史批判》等

"博士俱乐部"的主要成员有柏林大学神学讲师布鲁诺·鲍威尔（1809—1882）、中学历史学教员卡尔·弗里德里希·科本（1808—1863）、地理学教员阿道夫·鲁滕堡（1808—1869）等人。马克思在柏林近郊施特拉劳休养结束后，很快也积极参加了俱乐部的活动。该俱乐部在青年黑格尔派运动中起了重要作用。尽管马克思比"博士俱乐部"的其他成员都年轻——大多数成员比马克思大十多岁，且早已不是学生了，但他很快就成为具有强大思想推动力的活跃人物——"正像后来所常常发生的那样，每当他加入一个新团体之后，他立刻就变成了这个团体的精神中心"[1]。马克思同鲍威尔、鲁滕堡、科本等人的关系十分密切。鲍威尔对这个比他年轻9岁的大学生有过强烈的影响，一度成为青年马克思的人生导师——正是他建议马克思申请博士学位，到波恩大学任教。鲍威尔很快就看出马克思是一个在才智上与他旗鼓相当的助手和伙伴，他不仅可以与马克思讨论当代的一切问题，而且在个别琐事方面也能谈心求教。科本称马克思是"一个真正的思想宝库，一个真正的思想工厂"，甚至认为鲍威尔的《我们时代的基督教状况》——青年

1　［德］弗·梅林:《马克思传》，樊集译，人民出版社1972年版，第28页。

黑格尔派第一篇直接谈论政治的文章，大部
分借助了马克思的思想。[1] 科本更是把自己为
纪念普鲁士国王弗里德里希诞辰一百周年而
写的非常激进的小册子《弗里德里希大帝和
他的反对者》，献给了"我的朋友、特利尔
的卡尔·亨利希·马克思"。[2] 而马克思在自
己《博士论文》的序言里，也对科本的这个
小册子给予了充分的肯定。[3] 科本这本小册子所追求
的真正目的是恢复 18 世纪启蒙运动的精神。在此时，
科本与马克思确实是志同道合的朋友。所以，马克思
的另一位朋友和曾经的合伙人卢格——自称是"精神
货物的批发商"——在谈到鲍威尔、科本和马克思的
时候曾说，他们的特征是同资产阶级启蒙运动有联系
的，他们是"哲学上的山岳党"。[4]

阿诺德·卢格(1802—
1880)，德国政论家、
青年黑格尔派分子、
资产阶级激进民主
主义者，与马克思
一起在巴黎创办《德
法年鉴》

  实际上，从波恩大学转入柏林大学就读时的马克
思，已开始对"应有的东西"与"现有的东西"之间
的矛盾冲突有所感悟。在 1837 年写给父亲的《黑格
尔讽刺短诗》中，马克思就吐露心迹：

---

1 参见［英］戴维·麦克莱伦《卡尔·马克思传》，王珍译，
   中国人民大学出版社 2005 年版，第 26 页。
2 参见［德］弗·梅林《马克思传》，樊集译，人民出版社 1972
   年版，第 28 页。
3 参见《马克思恩格斯全集》第 40 卷，人民出版社 1982 年版，
   第 189 页。
4 参见［德］弗·梅林《马克思传》，樊集译，人民出版社 1972
   年版，第 29 页。

康德和费希特在太空飞翔，

对未知世界在黑暗中探索；

而我只求深入全面地领悟

在地面上遇到的日常事物。[1]

19世纪30年代柏林郊区的施特拉劳（马克思在此疗养、打猎并阅读了黑格尔的全部著作）

可以说，马克思是在正式转入柏林大学之后，在施特拉劳休养时才真正认真阅读黑格尔的。这次休养，不仅使马克思的身体得到了康复，还标志着马克思思想发展的一个重要转折阶段。在唯一保留下来的一封马克思于 1837 年 11 月 10 日深夜写给父亲的信中，马克思告诉自己的父亲：

我从头到尾读了黑格尔的著作，也读了他大部分弟子的著作。由于在施特拉劳常和朋友们见面，我接触到一个"博士俱乐部"，其中有几位讲师，还有我的一位最亲密的柏林朋友鲁滕堡博士。这里在争论中反映了很多相互对立的观点，而我同我想避开的现代世界哲学的联系却越来越紧密了；

1　《马克思恩格斯全集》第 40 卷，人民出版社 1982 年版，第 651—652 页。

但是一切声音都安静下来，我陷入了真正的讽刺狂，而这在如此多的东西遭到否定以后，是很容易发生的。[1]

应该说，正是由于在柏林加入了以鲍威尔为核心的青年黑格尔派组成的"博士俱乐部"，马克思不仅向书本，而且向现实世界打开了自己的心扉，并投射出理性的目光。但同时在此信中，马克思也跟父亲提到，自己"这里首先出现的严重障碍正是现实的东西和应有的东西之间的对立，这种对立是唯心主义所固有的；它又成了拙劣的、错误的划分的根源"[2]。基于此认识，马克思同时也透露了自己的理论取向——不喜欢黑格尔哲学"离奇古怪的调子"。在此意义上，我们可以说，马克思从来就不是一个彻底的黑格尔主义者。

"博士俱乐部"成员定期在咖啡馆或私人寓所里聚会。从1837年下半年直到1841年结束大学生活之前，马克思一直是"博士俱乐部"的成员，并积极参加聚会活动，身处争论风暴的中心——"马克思的思想像一股风暴，席卷柏林的大小咖啡馆和啤酒屋"[3]。在这里，"博士俱乐部"的成员"经过热烈的交谈和

1 《马克思恩格斯全集》第40卷，人民出版社1982年版，第16页。
2 《马克思恩格斯全集》第40卷，人民出版社1982年版，第10页。
3 [美]玛丽·加布里埃尔：《爱与资本：马克思家事》，朱艳辉译，湖南人民出版社2018年版，第24页。

争论，使自己在哲学和理论上以及政治和思想上的见解都得到发展和提高"[1]。马克思这个年轻的大学生还能向年长的朋友们学习许多东西，并且事实上也学到了许多东西。在一定意义上，马克思《博士论文》的选题，确实受到"博士俱乐部"成员（尤其是鲍威尔和科本）对亚里士多德之后古希腊哲学共同兴趣的直接影响。他们认为，亚里士多德之后的古希腊晚期哲学，包含现代思想的本质要素：它们奠定了罗马帝国的哲学基础，深刻影响了早期基督教道德，同时还含有18世纪启蒙运动理性主义的显著特征。马克思选择这一题目，也是想通过考察古希腊晚期历史上相似时期的自我意识哲学来深入理解古希腊哲学史以及当时的"后黑格尔"哲学——自我意识哲学的境况。但一生充满怀疑精神的青年马克思，很快就走上与青年黑格尔派其他成员截然不同的道路。当别人把黑格尔的自我意识哲学仅用于精神领域而丝毫不触及现实时，马克思日益将哲学用于联系现实。在此意义上，自我意识哲学好像是一座小桥，在这座小桥上青年马克思遇到了青年黑格尔派。表面上看，这座小桥好像把他们牢固地联系在一起，而实际上，他们是沿着小桥走向了不同的方向。大多数青年黑格尔派从黑格尔

1　［德］海因里希·格姆科夫等：《马克思传》，易廷镇、侯焕良译，生活·读书·新知三联书店1978年版，第20页。

的自我意识哲学走向了费希特的主观唯心主义，而最初倾向康德—费希特的马克思却通过黑格尔自我意识哲学走向了唯物主义。[1]马克思最终与他的青年朋友们分道而行了。可以说，马克思一生遵循的格言就是"吾爱朋友，吾更爱真理"——恩格斯除外。

青年恩格斯（1839）

关于马克思在"博士俱乐部"产生的持久影响，在马克思离开柏林之后，青年恩格斯（一说与埃德加·鲍威尔合作）有一首诙谐诗十分风趣地进行过描述[2]：

是谁风暴般地奋勇前行？

一位自由魔怪，来自特利尔的黝黑身影，

似乎　想要抓住天空使它匍匐在地，

他自信的步履敲击着地面

震怒的双臂直指苍穹。

他似乎　千万恶魔攫住身体

攥紧可怖的拳头狂奔不停。[3]

1　参见［苏联］尼·拉宾《马克思的青年时代》，南京大学外文系俄罗斯语言文学教研室翻译组译，生活·读书·新知三联书店1982年版，第42页。

2　青年恩格斯直到1841年9月才初次来到柏林（1841—1842年在柏林当近卫炮兵），当时还不认识马克思，他只是通过柏林的一些共同的朋友（如埃德加·鲍威尔——布鲁诺·鲍威尔的弟弟）的描述才知道马克思的。

3　转引自［英］戴维·麦克莱伦《卡尔·马克思传》，王珍译，中国人民大学出版社2005年版，第25—26页。

卡尔·马克思（1875）

作为来自特利尔的"一位自由魔怪"，青年马克思决心要为人类的幸福而改变世界。马克思的《资本论》第1卷出版后，他的德国崇拜者库格曼医生给他邮寄了一尊宙斯的半身雕像，作为他对《资本论》作者的庄严致敬。很多人都认为此时的马克思很像这个宙斯："两者都有一个头发蓬松的大脑袋，宽阔的前额都印满着思想家特有的皱纹，都带着命令式的但又是和善的表情。"[1]马克思精神饱满，乐观安详，毫无漫不经心和惊慌失措的情绪，库格曼认为这也像他崇拜的奥林匹斯众神之王。但马克思与宙斯相似的只是外形，他自己内心所真正崇拜的，是为给人间带来光明和温暖而盗取天火的普罗米修斯。

宙斯（古希腊神话中的"众神之王"）

2. 做大学的哲学教师

1835年中学毕业后，17岁的卡尔·马克思来到波恩大学，听从他父亲的建议学习法律——他父亲希

1　《回忆马克思》，人民出版社2005年版，第345页。

望他将来子承父业，做一名衣食无忧又体面的律师，但马克思自己喜欢的是历史和哲学。在波恩大学的第一学期，马克思充满了学习热忱，一下子选了九门课，但很快发现，多数课并不能使自己满意，于是削减了听课的次数，开始自学——自学后来成为他在柏林大学的主要学习方式。在波恩大学的一年，年轻张狂的马克思犯了与自己的年龄相符以及与其他年轻人相同的"错误"——酗酒、打架、胡乱花钱（部分用来买书）。同样是在其父亲的建议和决定下，1836 年 10 月 22 日，马克思由波恩大学转入柏林大学，继续学习法律。来到柏林大学后，马克思感到自己进入了一个新的世界："生活中往往会有这样的时机，它好象是表示过去一段时期结束的界标，但同时又明确地指出生活的新方向。"[1]

在进入柏林大学的第二年，马克思写下了自己人生的第一篇哲学习作——《克莱安泰斯，或论哲学的起点和必然的发展》。虽然这篇习作没有保留下来，但通过马克思自己在信中的简要陈述，我们依然能捕捉到黑格尔的影子。"我这个不知疲倦的旅行者着手通过概念本身、宗教、自然、历史这些神性的表现从哲学上辩证地揭示神性。我最后的命题原来是黑格尔体系的开端，而且由于写这部著作需要我对自然科学、

1　《马克思恩格斯全集》第40卷，人民出版社1982年版，第8页。

［意］马塞罗·默斯托：《另一个马克思》，孙亮译，中国人民大学出版社 2022 年版

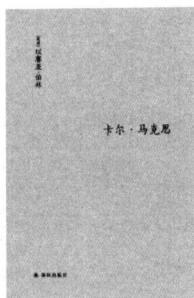

［英］以赛亚·伯林：《卡尔·马克思》，李寅译，译林出版社 2018 年版

谢林、历史作某种程度的了解，我费了很多脑筋，而且写得非常［……］（因为它本来应当是一部新逻辑学）"[1]——这确实是一篇模仿和学习黑格尔的习作。

本来就喜欢哲学的青年马克思，在加入"博士俱乐部"后，特别是在与布鲁诺·鲍威尔的交往中，逐渐坚定了大学毕业后做一名哲学教师的想法——"学术研究的生活愿景逐渐代替了他父亲给他做出的法律生涯的职业规划"[2]。不可否认，作为"博士俱乐部"的领路人和精神领袖的鲍威尔（1839 年从柏林大学转到波恩大学任教），是青年马克思在柏林大学读书时的人生导师，对其职业谋划和学术研究产生了重要影响。[3]受其影响，大学毕业的时候青年马克思也想到波恩大学做一名哲学教师，希望"和鲍威尔一起，掀起一场猛烈的无神论运动，彻底结束像那些相对温顺的激

1　《马克思恩格斯全集》第 40 卷，人民出版社 1982 年版，第 15 页。

2　［意］马塞罗·默斯托：《另一个马克思》，孙亮译，中国人民大学出版社 2022 年版，第 24 页。

3　可以说，马克思《博士论文》的写作动机和理论旨趣，都与鲍威尔有关。诚如波兰学者兹维·罗森所言："要讨论马克思与鲍威尔之间在哲学上的联系而不涉及博士论文中所论述的理论和实践问题是不可思议的。"（［波兰］兹维·罗森：《布鲁诺·鲍威尔和卡尔·马克思：鲍威尔对马克思思想的影响》，王谨等译，中国人民大学出版社 1984 年版，第 188 页。）

进分子那样，仅限于和危险学说做羞羞答答、半心半意的玩耍游戏"[1]。但想做哲学教师必须有一个博士学位（这跟今天一样，大学招聘教师一般都要求有一个博士学位），而申请博士学位就需要撰写和提供一篇博士论文。在实质性意义上，可以说马克思是为了做哲学教师而写作博士论文并申请博士学位的。所以，从 1839 年初到 1840 年底，马克思都为忙于写作博士论文而进行大量阅读和做摘录笔记。马克思主要是阅读伊壁鸠鲁——他被马克思称为古希腊最伟大的启蒙思想家——的哲学著作，并写了七本笔记。同时，马克思还阅读了亚里士多德、莱布尼茨、休谟、康德和黑格尔等哲学家的著作。在广泛阅读和摘录的基础上，1841 年初，马克思终于完成了博士学位论文——《德谟克利特的自然哲学和伊壁鸠鲁的自然哲学的差别》，在耶拿大学申请并获得了哲学博士学位。

实际上，一生性格叛逆的马克思，在申请博士学位和就业的事情上，又一次背离了父母的愿望——他决心做哲学教师而不是律师。马克思的母亲罕丽达（1788—1863）是荷兰犹太人，出身于富商家庭，是一个朴素的、未受过教育的勤劳女性。马克思曾经满怀深情地说，他母亲是一位"宽厚的崇高的女性"[2]，

1　［英］以赛亚·伯林：《卡尔·马克思》，李寅译，译林出版社 2018 年版，第 76 页。
2　《马克思恩格斯全集》第 40 卷，人民出版社 1982 年版，第 18 页。

她把"一生整个儿地贡献给了爱与忠诚"[1]。但在人生理想和职业选择方面，马克思的母亲并没有成为他的知心人，他反而因为遗产问题与母亲有些矛盾。在马克思的职业选择问题上，他的母亲不能理解为什么自己的长子这样倾心于"对生计毫无益处"的哲学工作，同时又这么倔强——可能马克思骨子里就继承了其母亲的秉性。她以马克思当时工作安排不妥为由，把分给马克思部分的遗产执行权没有交给马克思本人，而是交给了他的姨夫——荷兰的一个银行家莱昂·菲利普斯。这导致马克思无法马上获得部分财产，而在实质性意义上妨碍了他和燕妮的婚事——他们原打算在马克思获得博士学位后就举行婚礼。

马克思的恋人——燕妮·冯·威斯特华伦是男爵的女儿，不但出身高贵，受人尊敬，而且集美貌和智慧于一身，是特利尔城里最让年轻小伙子们着迷的女孩，被称为舞会上的"舞蹈皇后"和"天使般的姑娘"。燕妮无论是外在长相、内在气质，还是家庭出身、文化修养都非常出众，特利尔的贵族青年去追求燕妮的，可以说不乏其人。从表面上看，马克思似乎根本排不上号，但是燕妮不注重出身和外表，她被马克思的个人才华和独特魅力深深吸引。燕妮"蔑视所有那些答应她将来能过豪华生活的求婚者，而钟情于她自己挑

1　《马克思家书集》，人民出版社1985年版，第35页。

选的卡尔，尽管后者的前途充满了凶险"[1]。但不管如何凶险，燕妮在自己的一生中对丈夫所有感兴趣和着迷的事都投入了极大的热情。诚如恩格斯后来所言：如果有一位女性把使别人幸福视为自己最大的幸福，那么这位女性就是燕妮。[2]

1836年暑期，马克思从波恩大学回到家乡特利尔，在动身去柏林继续读大学之前，他就与心仪已久的燕妮私订了终身——年轻的马克思用求婚首次反对了19世纪的资产阶级社会。[3]在柏林读大学期间（1836—1841），马克思只回过一次家乡（1838年4月底5月初的复活节假期）。实际上马克思与燕妮之间的恋爱，主要靠书信维持。人们（包括马克思的父母）对马克思与燕妮的婚事并不看好，所以马克思也想大学毕业后找到一份稳定的工作，好迎娶美丽的燕妮。但理想是丰满的，现实是骨感的。马克思1841年4月获得哲学博士学位，7月来到波恩并打算定居于此，然而当年秋天，鲍威尔却被禁止在波恩大学讲课，后来又被解除了波恩大学副教授职

燕妮·冯·威斯特华伦（1814—1881）

1　［苏联］波·维诺格拉茨卡娅：《燕妮·马克思》，高宁哲、赵德成译，生活·读书·新知三联书店1981年版，第32页。

2　参见《马克思恩格斯全集》第25卷，人民出版社2001年版，第545—546页。

3　参见［美］乔纳森·斯珀伯《卡尔·马克思：一个19世纪的人》，邓峰译，中信出版社2014年版，第32页。

务。由于鲍威尔被解职，马克思到波恩大学做哲学教师的道路就被封死了，他的哲学博士学位证书也成了"一纸空文"。由于没有稳定、体面的职业，马克思与燕妮的婚事不得不继续推迟。1843 年 6 月 19日，恋爱七年之久的一对恋人才终于走进了婚姻的殿堂。

1867 年《资本论》第 1 卷出版后，马克思的德国崇拜者库格曼医生曾说过，柏林有位大学教授阅读完《资本论》后，印象颇佳，想要提名马克思在德国一所大学中担任政治经济学教授。可惜，马克思一生与大学教授无缘。

3. 激情的理性："我痛恨所有的神"

读大学特别是柏林大学时的马克思，由于疯狂地读书学习，逐渐成了一位"浮士德式的学者"——对追求科学和真理充满热忱并展开了永无止境的追求。[1]作为一名富有激情的"浮士德式的学者"，马克思在一首诗中作了形象的表达：

我不能安安静静地生活，

假如整个心灵都热气腾腾；

1　参见［奥地利］马克斯·比尔《马克思传：替时代背书的人》，王铮译，黑龙江教育出版社 2011 年版，第 29 页。

我不能昏昏沉沉地生活，

既没有风暴也没有斗争。

······

我的命运就是投身于斗争，

永恒的热情在我胸中沸腾，

我感到生活的圈子太窄，

随波逐流使我觉得可憎。

我能够拥抱长空，

把世界搂在怀中，

我还愿意在爱情里

和怒涛中发抖颤动。[1]

　　对马克思这一拥抱世界的"激情"，比马克思晚百年出生的阿尔都塞也认为："马克思具有强烈的批判热情、一丝不苟的求实精神和无与伦比的现实感"[2]。所以说，马克思撰写《博士论文》，除了想做大学哲学教师这一直接原因之外，也有其深刻的富有激情的内在精神追求之因素。从马克思在柏林读大学时写给他父亲的唯一保留下来的一封信中就可以发现，马克思一开始就具有罕见的独立思考能力和自我

1　《马克思恩格斯全集》第 40 卷，人民出版社 1982 年版，第 454—455 页。

2　［法］阿尔都塞：《保卫马克思》，顾良译，商务印书馆 2010 年版，第 59 页。

反思的批判精神。这种"怀疑一切"的独特精神气质，决定了马克思根本不可能只是做一名追随者，而是注定要开辟自己独立的哲学天地。马克思《博士论文》中对伊壁鸠鲁哲学的研究，可视为马克思批判事业的"激情的理性"的第一次公开展现。

作为激进的革命民主主义者，马克思一生充满了叛逆和反抗精神——战斗的无神论。对此，卢格在写给朋友的信中曾有过形象的描述："布鲁诺·鲍威尔、卡尔·马克思、克里斯提安森和费尔巴哈正在形成一个新的蒙太涅，并提出了无神论的口号。上帝、宗教、永生都从它们的宝座上跌落下来，人被宣布为上帝。"[1]而格奥尔格·荣克则称马克思为"一个革命的魔鬼"。虽然青年黑格尔派是从宗教领域（这个领域比政治领域要安全得多）开始展开对当时的正统思想的攻击[2]，但普鲁士政府的态度使得政治是一个极为危险的争论话题，然而同意德国教会的当权和切断宗教与政治的联系，这就不可避免地使宗教批判运动迅速转变为世俗化的政治性反对运动。正是作为这

1　转引自［英］戴维·麦克莱伦《马克思主义以前的马克思》，李兴国等译，社会科学文献出版社 1992 年版，第 72 页。

2　参见［英］戴维·麦克莱伦《卡尔·马克思传》，王珍译，中国人民大学出版社 2005 年版，第 24 页。

个根本性转变运动的一员，青年马克思开始了其无情的批判活动。但马克思的批判活动和反抗精神，绝不是像青年黑格尔派那样，只具有表面的"激情"——满口喊着震撼世界的词句，实际上却是最大的保守派：他们只是用词句来反对这些词句——既然他们仅仅反对这个世界的词句，那么他们就绝对不是反对现实的现存世界。因此，在青年马克思看来，青年黑格尔派的成员"没有一个想到要提出关于德国哲学和德国现实之间的联系问题，关于他们所作的批判和他们自身的物质环境之间的联系问题"[1]，由此导致德国所发生的这一切都是纯粹在思想领域中进行的。

对此，青年马克思虽然也充满了激情——"**要对现存的一切进行无情的批判**，所谓无情，意义有二，即这种批判不怕自己所作的结论，临到触犯当权

恩格斯针对"柏林自由人"所作的讽刺画（1842）

1　《马克思恩格斯选集》第1卷，人民出版社2012年版，第145—146页。

青年恩格斯

者时也不退缩"[1]，却又比青年黑格尔派更为冷静一些："我们就不是以空论家的姿态，手中拿了一套现成的新原理向世界喝道：真理在这里，向它跪拜吧！我们是从世界本身的原理中为世界阐发新原理。"[2]所以，马克思强烈主张对德国的旧制度进行批判，但"批判不是头脑的激情，它是激情的头脑。它不是解剖刀，它是武器。它的对象是自己的**敌人**，它不是要驳倒这个敌人，而是要**消灭**这个敌人"[3]。在此意义上，马克思高于青年黑格尔派并深刻认识到，批判需要的不是"激情的理性"，而是"理性的激情"。诚如青年恩格斯所言："一个拔剑出鞘时无动于衷的人，很少会满腔热忱地对待他为之奋战的事业。"[4]后来保尔·拉法格也说："他（马克思——引者）的头脑就像停在军港里升火待发的一艘军舰，准备一接到命令就开向任何思想的海洋。"[5]可惜的是，马克思这艘军舰始终穿行在恶风险浪和敌人的枪林弹雨之中。马克思后来的崇拜者，德国的库格曼医生，曾回忆：有人说"古代的神是一种

《回忆马克思》，人民出版社 2005 年版

1　《马克思恩格斯全集》第1卷，人民出版社1956年版，第416页。
2　《马克思恩格斯全集》第1卷，人民出版社1956年版，第418页。
3　《马克思恩格斯选集》第1卷，人民出版社2012年版，第4页。
4　《马克思恩格斯全集》第2卷，人民出版社2005年版，第328页。
5　《回忆马克思》，人民出版社2005年版，第194页。

毫无热情的永恒的宁静",对这一非议,马克
思却说:"恰恰相反,古代的神是一种毫无宁
静的永恒的热情。"[1] 马克思这一针锋相对的
回答,使库格曼医生印象极深,永远不能忘却。

青年马克思特别欣赏的古希腊戏剧家埃
斯库罗斯的《被缚的普罗米修斯》中有这样的
名言:

> 你好好听着,我绝不会用自己的痛苦
> 去换取奴隶的服役:
> 我宁肯被缚在崖石上,
> 也不愿作宙斯的忠顺奴仆。[2]

库格曼(1828—1902),德国社会主义者,第一国际会员,医生,马克思的崇拜者和朋友。他利用工作之便积极宣传《资本论》,其1862—1874年与马克思的通信成为研究马克思主义发展史和《资本论》创作史的珍贵文献

马克思之所以高度称赞众神之王宙斯的反对
者——普罗米修斯为"哲学日历中最高尚的圣者和殉
道者",绝不是一时的"理性的激情",而是深沉的
"激情的理性"——马克思自己甘愿做"人间的普罗
米修斯"——"我痛恨所有的神"。[3] 对马克思来说,
普罗米修斯象征着反对一切形式的外在强加的权威,
他把伊壁鸠鲁放在与普罗米修斯并列的位置。在此意
义上,《博士论文》既是青年马克思革命批判精神——

1　参见《回忆马克思》,人民出版社2005年版,第345页。
2　《马克思恩格斯全集》第40卷,人民出版社1982年版,第190页。
3　参见《马克思恩格斯全集》第40卷,人民出版社1982年版,第189、190页。

激情的理性——的一次理论呈现，也是他近六年大学学习的一次普罗米修斯式的"哲学自白"。在后来出版的巨著《资本论》中，马克思依然借助"被缚的普罗米修斯"之喻，批判资本主义制度把工人钉在资本上比赫斐斯塔司的楔子把普罗米修斯钉在岩石上钉得还要牢。[1]由此也可以看出，马克思一生都有很深的"普罗米修斯情结"。

1　参见［德］马克思《资本论》第1卷，人民出版社2004年版，第743页。

三、《博士论文》是一篇什么样的"论文"

1. 马克思的"写作计划"

按照马克思自己的说法，《博士论文》只是其计划撰写的"一部更大著作"——"将联系整个希腊思辨来详细地分析伊壁鸠鲁、斯多葛和怀疑论这三派哲学的相互关系"[1]——古希腊哲学史的"导论"。按照马克思传记作家麦克莱伦的看法，"使马克思注意这个时期的哲学史的，无疑的是鲍威尔"[2]。但很遗憾，马克思后来并没有写出这部"哲学史"。一方面，由于马克思急于要在波恩大学谋一个教职，于是大大压缩了博士论文的写作计划，仅写出了原计划的"导论"——德谟克利特和伊壁鸠鲁的自然哲学比较这一部分；另一方面，可以说规划诸多庞大的写作计划，

1　《马克思恩格斯全集》第40卷，人民出版社1982年版，第188页。
2　［英］戴维·麦克莱伦：《青年黑格尔派与马克思》，夏威仪等译，商务印书馆1982年版，第73页。

马克思

博士论文

马克思博士论文
黑格尔辩证法和哲学一般的批判
[德]马克思著
贺麟译

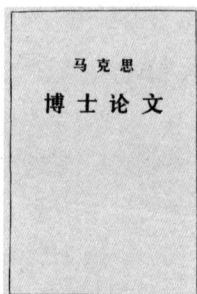

（上图）《马克思博士论文》，贺麟译，人民出版社1961年版（下图）《马克思博士论文　黑格尔辩证法和哲学一般的批判》，贺麟译，上海人民出版社2012年版

是马克思一生的风格，从《博士论文》到《资本论》一直没变。

在马克思一生浩如烟海的著作和手稿中，其《博士论文》并不是很显眼的著作，却是保留下来的马克思的第一部比较系统完整的"哲学著作"。这部著作的问世，可以说标志着马克思第一次以哲学家的身份公开亮相。虽然以后马克思在世界舞台上主要是以革命导师和经济学家的身份出场，但"哲学家"的形象伴随马克思的一生。马克思在柏林大学读书时，就深受黑格尔哲学影响，自己还模仿黑格尔的法哲学体系，写过一部约300印张的法的形而上学体系，还写了自己第一篇哲学习作——24印张的哲学对话《克莱安泰斯，或论哲学的起点和必然的发展》，可惜这两部作品都没有保留下来。研究哲学，是马克思一生不变的追求和梦想："写诗可以而且应该仅仅是附带的事情，因为我应该研究法学，而且首先渴望专攻哲学。"[1] 在此基础上，我们不难理解马克思为什么会违背父母的愿望，放弃做律师而想去做哲学教师。从马克思的整个思想历程来看，《博士论文》正好是他自己"哲学的起点"，而《资本论》等著作，自然就是其哲学的"必

1　《马克思恩格斯全集》第40卷，人民出版社1982年版，第10页。

然的发展"。

我们今天读到的马克思的《博士论文》，是一本"小册子"。按马克思自己的说法，"这篇论文如果当初不是预定作为博士论文，那么它一方面可能会具有更加严格的科学形式，另一方面在某些叙述上也许会少一点学究气"[1]。虽然该论文存在这样那样的"缺陷"，但在马克思自己看来，"在这篇论文里我已经解决了一个在希腊哲学史上至今尚未解决的问题"[2]。马克思在这里指出的自己已经解决的"一个在希腊哲学史上至今尚未解决的问题"，实际上也就是其《博士论文》的核心主题：重新认识和看待古希腊晚期哲学的三大流派——伊壁鸠鲁主义、斯多葛主义和怀疑主义，从而为伊壁鸠鲁哲学辩护和正名。

伊壁鸠鲁（前341—前270），古希腊哲学家，被认为是西方第一个无神论者，伊壁鸠鲁学派的创始人，他的学说的主要宗旨就是要达到不受干扰的宁静状态。传说该学派居于他的住房和庭院内，与外部世界完全隔绝，因此被人称为"花园哲学家"

在马克思看来，作为出现在亚里士多德这一顶峰之后的古希腊晚期哲学的三大流派，并非只是拙劣模仿而一无是处，反而是"与太阳落山相似，而和青蛙因胀破了肚皮致死不同"的"英雄之死"。[3] 所以，必须把伊壁鸠鲁放到整个古希腊哲学史中去，才能真正还原他的真实面目。在这方面，黑格尔给马克思提

1　《马克思恩格斯全集》第40卷，人民出版社1982年版，第188页。
2　《马克思恩格斯全集》第40卷，人民出版社1982年版，第188页。
3　《马克思恩格斯全集》第40卷，人民出版社1982年版，第194页。

供了有益的启示："虽然黑格尔大体上正确地规定了上述诸体系的一般特点，但由于他的哲学史———一般说来哲学史是从它开始的——的令人惊讶的庞大和大胆的计划，使他不能深入研究个别细节。另一方面，黑格尔对于他主要地称之为思辨的东西的观点，也妨碍了这位伟大的思想家认识上述那些体系对于希腊哲学史和整个希腊精神的重大意义。这些体系是理解希腊哲学的真正历史的钥匙。"[1] 在此意义上，可以说马克思正是借助黑格尔哲学体系的"钥匙"，来理解希腊哲学史、理解伊壁鸠鲁哲学的。这实际上也符合马克思后来在《1857—1858 年经济学手稿》中强调的观点——人体解剖对于猴体解剖是一把钥匙。[2] 但同时我们也会看到，马克思的《博士论文》又在注重"个别细节"和反对"思辨的东西"的双重意义上，超越了黑格尔。唯此，马克思才能自信地说自己的《博士论文》真正解决了希腊哲学史上"至今尚未解决的问题"。

马克思有着自己研究希腊哲学史的庞大计划，小小的《博士论文》只是其庞大计划的"导论"。在《博士论文》的序言中，马克思明确强调它只具有"导论"的意义，"必须把这篇论文仅仅看作是一部更大著作

1　《马克思恩格斯全集》第 40 卷，人民出版社 1982 年版，第 188—189 页。

2　参见《马克思恩格斯全集》第 30 卷，人民出版社 1995 年版，第 47 页。

的导论",而在这部"更大著作"里,自己"将联系整个希腊思辨来详细地分析伊壁鸠鲁、斯多葛和怀疑论这三派哲学的相互关系。这篇论文在形式方面和其他方面的缺点在那里将被消除"。[1]但实际上,马克思后来并未写出这部"更大著作"——就像他后来也没写出专门论述辩证法的"小册子"一样。之所以未能写出这部"更大著作",马克思在获得博士学位后为拟公开出版自己的《博士论文》所写的"新序言"草稿中有明确的解释——"鉴于我正在从事完全不同性质的政治和哲学方面的研究,目前我不能指望完成这一著作"。[2]当然,这部更大的著作也并非就是马克思"倾其一生"的巨著《资本论》,但《资本论》确实是不自觉地延续和推进了《博士论文》的立意和追求。马克思在《资本论》及其手稿中,多次有意和善意地提及并肯定伊壁鸠鲁——马克思自始至终在哲学史上给予了伊壁鸠鲁最高的礼遇,这在马克思那里是很难得的。可以说,马克思确实是"卢克莱修之外伊壁鸠鲁的又一个千年知音"[3]。

在此意义上,伊壁鸠鲁对马克思的借鉴作用和影响力是无人可比的,他的哲学是马克思哲学以至全部

---

1 《马克思恩格斯全集》第40卷,人民出版社1982年版,第188页。
2 《马克思恩格斯全集》第40卷,人民出版社1982年版,第286页。
3 张广照:《马克思〈博士论文〉研究读本》,中央编译出版社 2017 年版,第 111 页。

学说最主要的来源之一。可以说，马克思正是借助伊
壁鸠鲁哲学这把钥匙，打开了几乎被人遗忘了的自我
意识哲学的大门，并从中取出自由和民主的精华，寻
找和开辟了一条超越黑格尔（包括青年黑格尔派）"总
体哲学"体系的道路。这条道路虽然很曲折、很漫长，
但最终落到了《资本论》头上。可以说，《博士论文》
成为马克思反对黑格尔的第一个突破口，同时也是《资
本论》的第一个发端口——《资本论》不自觉地真正
成了马克思计划写作的另一部"更大著作"。

2.《博士论文》的篇章结构

现在流传下来的马克思的《博士论文》，并不是
马克思提交给耶拿大学申请哲学博士学位的"原本"，
而是一份由一位不知姓名的人所抄录的、经马克思修
改补充的"副本"，但令人遗憾的是，这一"副本"
是一份残缺的文本。由此副本可以看出，马克思的《博
士论文》完成于1841年3月底。在申请博士学位之
前，马克思打算把博士论文正式出版，所以增加了献
词和序言，但不知什么原因，未能成功。在获得博士
学位后，马克思又有此打算，在1841年底至1842年
初，马克思又专门写了"新序言"[1]，但该论文依然

1　参见《马克思恩格斯全集》第40卷，人民出版社1982年版，
　第286页。

未能正式出版。马克思的《博士论文》第一次发表于
梅林编辑的《卡尔·马克思、弗里德里希·恩格斯和
斐迪南·拉萨尔的遗著》1902年斯图加特版第1卷。
但在第一次发表时，"作者注"除了少数几个之外，
绝大部分附注都被删掉了。《博士论文》的全文（根
据残存的那部分手稿）第一次发表于《马克思恩格斯
全集》1927年历史考证版第Ⅰ部分第1卷第1分册。
所以，马克思《博士论文》在其生前最终未能公开发表。

　　根据他人抄录的副本，马克思的《博士论文》主
要包括"献词""序言""目录""正文"和"附录"
五部分。"献词"——"献给敬爱的父亲般的朋友——
政府枢密顾问官——特利尔的路德维希·冯·威斯特
华伦先生，借以表达子弟的敬爱之意"[1]。马克思把
自己拟正式出版的第一部哲学作品，献给了特利尔的
政府枢密顾问官——路德维希·冯·威斯特华伦，既
是执学生之礼，也是委婉地向未来的岳父表达自己迎
娶燕妮的心迹。

　　在"序言"中，马克思概括地介绍了自己《博士
论文》的选题原因、研究对象和大无畏的理论勇气——
做像普罗米修斯那样的"哲学日历中最高尚的圣者和
殉道者"[2]——面对权威也决不退缩。

1　参见《马克思恩格斯全集》第40卷，人民出版社1982年版，
　　第185页。
2　《马克思恩格斯全集》第40卷，人民出版社1982年版，第190页。

德谟克利特（约前460—约前370），古希腊伟大的唯物主义哲学家，原子论的创始人之一，率先提出万物由原子构成。据说德谟克利特自己弄瞎了自己的眼睛，以使感性的目光不致蒙蔽他的理智的敏锐

从《博士论文》的原目录可以看出，"正文"由两部分组成：第一部分为"德谟克利特的自然哲学和伊壁鸠鲁的自然哲学的一般差别"。包括：第一节"研究的对象"。针对人们普遍认为希腊哲学在亚里士多德——希腊哲学中的马其顿王亚历山大——这里达到顶峰之后就停止了，马克思指出自己所研究的对象是伊壁鸠鲁主义、斯多葛主义和怀疑主义这些体系与古希腊哲学的联系以及对理解希腊哲学史的重要意义。第二节"对德谟克利特的物理学和伊壁鸠鲁的物理学的关系的判断"。这一节主要是总结和反驳从古代（包括西塞罗、普卢塔克）到近代（包括莱布尼茨、黑格尔）哲学家们对伊壁鸠鲁哲学的误解和指责，他们认为伊壁鸠鲁剽窃、败坏了德谟克利特的物理学。第三节"把德谟克利特的自然哲学和伊壁鸠鲁的自然哲学等同起来所产生的困难"。马克思比较系统地总结了在知识的真理性问题、在对待感性世界的问题、在科学实践活动的问题、在必然性和偶然性的问题等方面，德谟克利特与伊壁鸠鲁的观点都是截然相反的。第四节"德谟克利特的自然哲学和伊壁鸠鲁的自然哲学的一般主要差别"和第五节"结论"（这两节的内容缺失了）。第二部分为"论德谟克利特的物理学和伊壁鸠鲁的物理学在细节上的差别"。包括：第一章"原子脱离直线而偏斜"。马克思着重揭示了

伊壁鸠鲁和德谟克利特关于原子运动学说的共同点和不同点，突出赞扬了伊壁鸠鲁关于原子偏斜运动的巨大意义。第二章"原子的质"。马克思着重对比了德谟克利特和伊壁鸠鲁对原子的质的不同看法。第三章"不可分的本原和不可分的元素"。"不可分的本原"和"不可分的元素"，就是作为"始原"的原子和作为"元素"的原子。伊壁鸠鲁把存在于虚空中作为"始原"的原子和成为现象基础的作为"元素"的原子区别开来，而德谟克利特认为原子仅仅具有一种"元素"、一种物质基质的意义。第四章"时间"。马克思说明了德谟克利特和伊壁鸠鲁在时间问题上的差别，揭示出表现在时间范畴上的原子世界的"本质世界"与"现象世界"的矛盾。第五章"天体现象"。马克思重点阐述了伊壁鸠鲁关于天体现象的学说，揭示出伊壁鸠鲁天体学说和自由学说的联系——"在天体现象学说里表现了伊壁鸠鲁自然哲学的灵魂"[1]。

　　从《博士论文》的标题"德谟克利特的自然哲学和伊壁鸠鲁的自然哲学的差别"和正文的逻辑结构安排来看，此时的青年马克思依然是在效仿黑格尔的《费希特与谢林哲学体系的差别》和"逻辑学"——从"一般"到"具

费希特与谢林
哲学体系的差别

［德］黑格尔 著

商务印书馆

［德］黑格尔：《费希特与谢林哲学体系的差别》，宋祖良、程志民译，商务印书馆1994年版

1　《马克思恩格斯全集》第40卷，人民出版社1982年版，第241页。

体"——来展开自己博士论文的研究和论证逻辑。从实际保留下来的《博士论文》看，令人很遗憾的是，第一部分中的第四节"德谟克利特的自然哲学和伊壁鸠鲁的自然哲学的一般主要差别"的正文和第五节"结论"的内容都缺失了。但就第一部分第四节的标题和第五节的"结论"来看，这两节应该是整篇博士论文鲜明表达马克思的立场和观点的很重要的一部分内容。顺便说一句，希望我们后人，能像高鹗续写《红楼梦》后四十回一样，借助马克思撰写《博士论文》时所做的大量摘录和笔记，特别是保留下来的"附注"的第一部分中关于"德谟克利特的自然哲学和伊壁鸠鲁的自然哲学的一般主要差别"的较长注释和解释，再结合青年马克思在柏林大学以及加入"博士俱乐部"时的理论旨趣和人生追求，补充和续写完整马克思《博士论文》第一部分缺失的第四节和第五节的相关内容。

"附录"为有缺失的"批评普卢塔克对伊壁鸠鲁神学的论战"和为《博士论文》出版所写的"新序言草稿"。"批评普卢塔克对伊壁鸠鲁神学的论战"，只保留下了第二部分"个人的不死"的第一个小标题"1.论宗教的封建主义。庸众的地狱"的部分内容。第一部分遗失了，但保留下了它的注释。从注释中我们得知，第一部分的标题为"人对神的关系"，该标题下又分三个小标题："1.恐惧和彼岸的存在""2.崇拜和个人""3.天意和降谪了的神"。在"天意和降谪了的神"部分，包括一个很长的解释性注释，马克思谈到了"一个声名狼藉的题目"——关于上帝存在的本体论证明，他无情地批评这种证明为"空洞的同义反复"。[1] 毫无疑问，这个注释连同整个附录部分，都是我们把握和理解青年马克思宗教批判立场的重要文本之一。[2]

实际上，自 1839 年初，马克思就开始阅读和摘抄相关文献资料，全面研究伊壁鸠鲁的哲学。作为研究成果，留下了七本《关于伊壁鸠鲁哲学的笔记》[3]。这些笔记是马克思对古希腊罗马哲学所作的研究结果。笔记里除了阐述他自己的观点外，还摘录了大量主要和伊壁鸠鲁哲学有关的一些古代作家著作的希腊文和拉丁文。这些笔记和摘录在他的《博士论文》中得到了广泛的利用。《博士论文》中有些引文抄自笔记，有些引文则经过马克思的重新研究。而《博

鲁路:《马克思博士论文研究》，中央编译出版社 2007 年版

1　参见《马克思恩格斯全集》第 40 卷，人民出版社 1982 年版，第 284 页。

2　参见罗晓颖《马克思与伊壁鸠鲁——马克思〈关于伊壁鸠鲁哲学的笔记〉和〈博士论文〉研究》，华东师范大学出版社 2010 年版，第 188 页。

3　《关于伊壁鸠鲁哲学的笔记》中文版在《马克思恩格斯全集》第 40 卷（人民出版社 1982 年版）中已有收录；关于该"笔记"在《马克思恩格斯全集》历史考证版第 2 版（MEGA2）的收录情况及其与《博士论文》的关系，可参阅鲁路《马克思博士论文研究》（中央编译出版社 2007 年版，第 102—104 页）的分析。

士论文》中关于德谟克利特的最重要资料的引文都是笔记中所没有的。马克思广泛挖掘能找到的所有关于德谟克利特和伊壁鸠鲁的资料，从而掌握了当时全部的学术资料，可惜在准备写作博士论文时所写的摘录笔记和草稿并没有全部保存下来。

3. 马克思为什么"钟情"伊壁鸠鲁

转到柏林大学前，马克思钟情的是康德（实际上，可以说康德是马克思一生的榜样，这从马克思后来的诸多作品的副标题都是"批判"就可以看出）和费希特。在柏林大学时，由于全面阅读了黑格尔及其大部分弟子的著作，他又钟情于黑格尔——"这个在月光下抚养大的我的可爱的孩子，象欺诈的海妖一样，把我诱入敌人的怀抱"[1]。但马克思一生具有"怀疑一切"的精神气质，对自己钟情的黑格尔和加入的青年黑格尔派，他从不盲从。所以，当青春张扬的激情略作沉静，特别是要以理论的方式面向现实——为谋取职业（和迎娶燕妮）而申请博士学位时，马克思最终选择的是不被人看好甚至是被人误解的伊壁鸠鲁——古希腊哲学史上最伟大的启蒙思想家，这实际上也是其怀

伊曼努尔·康德（1724—1804），德国古典哲学的奠基者，曾任哥尼斯堡大学校长，实现了认识论的"哥白尼式革命"，马克思称其思想为"法国革命的德国理论"，主要著作有《纯粹理性批判》《实践理性批判》《判断力批判》等

1　《马克思恩格斯全集》第40卷，人民出版社1982年版，第15页。

疑精神和批判精神的一次集中体现。

19 世纪的德国哲学史家策勒尔曾指出，在希腊化时期，各门科学开始脱离哲学，哲学和科学分道扬镳，而宗教和哲学却趋于结合。[1] 但当时的伊壁鸠鲁是个例外，其他哲学家倒向神学时，他却高举反对迷信、追求人的自我意识的大旗。与苏格拉底、柏拉图撒开自然界而直接关注社会和伦理的理念哲学不同，也与亚里士多德试图综合自然和社会的实体哲学不同，伊壁鸠鲁从古老的原子论命题出发，把自我意识贯彻到了自然哲学领域，建立起自我意识体系，从根本上改造了整个希腊哲学体系。在哲学史上，伊壁鸠鲁作为古希腊晚期伊壁鸠鲁学派的创始人，不仅主张心灵宁静、灵魂不受纷扰的快乐主义——心灵的宁静在伊壁鸠鲁的伦理学中是生活的最高理想，是通过认识自然，摆脱对死亡的恐惧而达到内心自由的哲人所处的状态；同时他还是古希腊最早的无神论者——这也是青年马克思很看重伊壁鸠鲁的地方。在此意义上，可以说青年马克思钟情伊壁鸠鲁主要有两点理由：一是伊壁鸠鲁强调人类精神的绝对自由，使人们摆脱了对那些超验的客体的迷信；二是伊壁鸠鲁强调"自由的

费希特（1762—1814），德国古典哲学的主要代表人之一，柏林大学第一任校长，哲学上继承和发展了康德的主观唯心论，建立起"自我哲学"体系，主要著作有《全部知识学的基础》《论学者的使命人的使命》等

---

1 参见［德］E. 策勒尔《古希腊哲学史纲》，翁绍军译，山东人民出版社 1992 年版，第 223 页。

个体自我意识"，指明了一条超越黑格尔"整体哲学"体系的出路。[1]但令人遗憾的是，伊壁鸠鲁在后人眼里却成了一位声名不佳的哲人。这在青年马克思看来，主要有两方面的原因：一是古希腊哲学的发展所致。在《博士论文》的开头，马克思就明确指出："希腊哲学看起来似乎遇到了一个好的悲剧所不应遇到的结局，即暗淡的结局。在希腊，哲学的客观历史似乎在亚里士多德这个希腊哲学中的马其顿王亚历山大那里就停止了"[2]。也就是说，希腊哲学发展到亚里士多德达到顶峰后，似乎出现了不应该有的"断裂"，由此导致"伊壁鸠鲁派、斯多葛派、怀疑派几乎被看作一种不合适的附加品，同他们的巨大的前提没有任何关系"[3]，因而作为伊壁鸠鲁学派创始人的伊壁鸠鲁本人自然不受重视。二是人们对伊壁鸠鲁的误解所致。人们误解伊壁鸠鲁，最主要的原因是认为伊壁鸠鲁窃取了德谟克利特提出的原子论以及阿里斯提珀斯提出的快乐理论。其中最具代表性的古罗马哲学家西塞罗曾说："伊壁鸠鲁在他特别夸耀的物理学中，完全是一个门外汉，其中大部分是属于德谟克利特的；在伊壁鸠鲁离开德谟克利特的地方，在他想加以改进的地

1　参见［英］戴维·麦克莱伦《马克思主义以前的马克思》，李兴国等译，社会科学文献出版社1992年版，第62—63页。
2　《马克思恩格斯全集》第40卷，人民出版社1982年版，第193页。
3　《马克思恩格斯全集》第40卷，人民出版社1982年版，第193页。

方，恰好就是他损害了和败坏了德谟克利特的地方。"[1] 就连近代的莱布尼茨、康德和黑格尔等哲学家也误解和贬低伊壁鸠鲁。所以在《博士论文》中，马克思既要为古希腊晚期哲学正名，更要为伊壁鸠鲁正名。

在马克思看来，伊壁鸠鲁在哲学上有两个贡献：一是用哲学取代宗教来表示对人生的关怀，二是把以原子论为代表的自然哲学发展为一种人生哲学。[2] 由此，马克思在伊壁鸠鲁这里看到了古希腊晚期哲学中出现的朝向个体和精神的新转向。所以说，马克思撰写《博士论文》选择古希腊晚期"花园哲学家"——伊壁鸠鲁作为主要研究对象，绝不是随便的。作为"卢克莱修之外伊壁鸠鲁的又一个千年知音"[3]，马克思称赞"伊壁鸠鲁是最伟大的希腊启蒙思想家"[4]。

马克思把伊壁鸠鲁这一古希腊启蒙的最伟大人物，放在了与宙斯的反对者普罗米修斯并列的地位。对马克思来说，伊壁鸠鲁和普罗米修斯象征着反对一切形式的外在强加的权威，不论它是来自希腊神话的

（上图）西塞罗（前106—前43），古罗马著名政治家、哲学家、演说家和法学家，以雄辩而成为罗马政治舞台的显要人物，主要著作有《论神性》

（下图）［古罗马］西塞罗：《论神性》，商务印书馆2012年版

---

1 转引自《马克思恩格斯全集》第40卷，人民出版社1982年版，第196—197页。
2 参见罗燕明《马克思恩格斯思想研究（1833—1844）》，中央编译出版社2022年版，第40页。
3 张广照：《马克思〈博士论文〉研究读本》，中央编译出版社2017年版，第111页。
4 《马克思恩格斯全集》第40卷，人民出版社1982年版，第242页。

宗教秘密，还是出于精神现象学的神话。在此意义上，可以说伊壁鸠鲁代表着古希腊哲学不可避免的结果——"伊壁鸠鲁的思想在理论上重演了希腊精神的整个发展过程，通过它对一个最主要的哲学主题的核心强调：从希腊城邦的社会世界中发展出自我意识之个体"[1]。

表面上看，马克思《博士论文》的标题——"德谟克利特的自然哲学和伊壁鸠鲁的自然哲学的差别"，并无新颖和奇特之处，甚至有些平凡和空洞。实际上，德谟克利特是古希腊的古典哲学家，是古希腊哲学原子论学派的创始人；在这个意义上说，德谟克利特在古典哲学中所居的地位就像黑格尔在近代哲学中所居的地位一样。而伊壁鸠鲁是古希腊晚期哲学中德谟克利特卓越的继承者，他给这个学派创始人的学说增添了不少新东西；在这个意义上说，伊壁鸠鲁的地位与黑格尔最卓越的继承者——青年马克思及其同时代人的地位相似。[2]因此，可以说古希腊晚期时代类似于"后黑格尔时代"，伊壁鸠鲁之于德谟克利特类似于青年黑格尔派之于黑格尔，洞察前两者的关系和命运即能

1　［美］乔治·麦卡锡：《马克思与古人——古典伦理学、社会正义和19世纪政治经济学》，王文扬译，华东师范大学出版社2011年版，第28页。

2　参见［苏联］尼·拉宾《马克思的青年时代》，南京大学外文系俄罗斯语言文学教研室翻译组译，生活·读书·新知三联书店1982年版，第39页。

洞察后两者的关系和命运。由此可见，在《博士论文》这里，青年马克思是以"返古"的形式切入和回应了当代。

伊壁鸠鲁作为古希腊启蒙哲人，在哲学与宗教的古老冲突中，毫不讳言地站在了哲学一边——"伊壁鸠鲁的作用在于同**希腊人和罗马人的迷信作斗争**——也同现代僧侣的迷信作斗争"[1]，他坚信展示世界之真实性的哲学之理乃是治疗人生痼疾的良药，但他只是在给朋友和学生的私信中谈论这些事情。马克思作为现代启蒙哲人，把古已有之的哲学与宗教的冲突推向极致，不但要以哲学取代宗教的权威地位，而且坚信哲学不仅是认识和解释世界，更重要的是变革和改造世界，但马克思要解放的绝不是自己小圈子里的同道，而是全天下的人。[2]可以说，伊壁鸠鲁犹如一面从历史中出现的镜子，既照亮了历史和现代世界，又照亮了马克思前行的道路。如果说"伊壁鸠鲁就是当时马克思理解的以自我意识为轴心的黑格尔的古希腊代言人"[3]，那么马克思则是伊壁鸠鲁（和黑格尔）的当代代言人。也就是说，马克思是要借伊壁鸠鲁之

1　《列宁全集》第 55 卷，人民出版社 1990 年版，第 257 页。

2　参见罗晓颖《马克思与伊壁鸠鲁——马克思〈关于伊壁鸠鲁哲学的笔记〉和〈博士论文〉研究》，华东师范大学出版社 2010 年版，第 2 页。

3　夏莹:《青年马克思是怎样炼成的？》，人民出版社 2018 年版，第 25 页。

口发表自己的无神论宣言。

在为撰写《博士论文》所作的阅读笔记中，马克思强调："在哲学史上存在着各种关节点，它们使哲学在自身中上升到具体，把抽象的原则结合成统一的整体，从而打断了直线运动，同样也存在着这样的时刻：哲学已经不再是为了认识而注视着外部世界；它作为一个登上了舞台的人物，可以说与世界的阴谋发生了瓜葛，从透明的阿门塞斯王国走出来，投入那尘世的茜林丝的怀抱。"[1] 在此意义上，《博士论文》就是马克思一生中最重要的一个"关节点"，也即真正与世界发生瓜葛的关节点。正是这个关节点，架起了古希腊思想通向《资本论》的"桥梁"。马克思《博士论文》研究对象的选取，并不是受青年黑格尔派的外在影响，或者说不仅仅是外在影响，而是伊壁鸠鲁哲学本身的思考框架、意旨以及马克思的领会和掌握，使在充满激情而又有些迷茫中寻求对世界理解的青年马克思有了当时甚至是唯一可以参考的支点，从而也为其之后哲学思想的发展确立了初步的视界、意旨和基础，蕴含着某种程度上较为接近的价值追求。[2] 马克思的《博士论文》虽然看起来是抽象的和脱离生活的，却有了改造世界的目标——"在另一个原素上建

1　《马克思恩格斯全集》第 40 卷，人民出版社 1982 年版，第 135 页。
2　参见聂锦芳《作为马克思哲学思想起点的伊壁鸠鲁哲学》，《北京大学学报（哲学社会科学版）》2014 年第 5 期。

立新的雅典"[1]。而伊壁鸠鲁哲学正是青年马克思当时所找到的"另一个原素"："在这里我们仿佛看见哲学的生活道路之最集中的表现和主观的要点，就象根据英雄的死可以判断英雄的一生一样。我认为伊壁鸠鲁哲学所占的地位正是希腊哲学的这种形式，——再者，这点应该可以说明，为什么我不把以前的希腊哲学中的这个或那个因素放在首位，并且不把它们说成是伊壁鸠鲁哲学发展的条件，而是相反，从伊壁鸠鲁哲学追溯希腊哲学，从而让它本身表现自己的特殊地位。"[2]可以说，在"关节点"和"原素"的意义上，马克思从伊壁鸠鲁那里获得了同前人的观点彻底决裂、批判和超越一切旧思想家的勇气、自由精神以及锐利的理论武器。[3]

　　1880年夏末，美国纽约《太阳报》的记者约翰·斯温顿专门拜访了正在伦敦海边疗养的、在他看来"引起的政治地震比欧洲任何其他人都多的人物"[4]马克思。在私人谈话中，马克思从自己的角度带着斯温顿进行了一次"世界之旅"。斯温

［美］玛丽·加布里埃尔：《爱与资本：马克思家事》，朱艳辉译，湖南人民出版社2018年版

1　《马克思恩格斯全集》第40卷，人民出版社1982年版，第137页。
2　《马克思恩格斯全集》第40卷，人民出版社1982年版，第138页。
3　参见张广照《马克思〈博士论文〉研究读本》，中央编译出版社2017年版，第95页。
4　［美］玛丽·加布里埃尔：《爱与资本：马克思家事》，朱艳辉译，湖南人民出版社2018年版，第437页。

64

苏格拉底（前469—前399），希腊哲学的创始人之一，主张人要"认识你自己"，其辩证法（精神助产术）和伦理学（美德即知识）对后世影响巨大

顿认为，马克思与人对话的风格就像苏格拉底——那样无拘无束，那样广博，那样富于独创之见，那样尖锐犀利，那样纯真无伪，而且是冷嘲热讽、妙趣横生、奔放爽朗。[1] 而马克思曾经的一个青年朋友亨利·海德门——他阅读过法文版《资本论》——曾说马克思是"19世纪的亚里士多德"。在这里，无论说马克思是"苏格拉底"还是"亚里士多德"，都不如说马克思是"19世纪的伊壁鸠鲁"更合适些。可以说，正是在伊壁鸠鲁的原子论这里，马克思找到了自己哲学和人生的路口。

---

1 参见《马克思恩格斯全集》第25卷，人民出版社2001年版，第686页。

四、《博士论文》的世界观变革

1839 年初，马克思开始研究伊壁鸠鲁哲学。其最直接的现实动机肯定是获取哲学博士学位，但根本的理论出发点却是批判地剖析马克思所要质疑和反思的黑格尔的自我意识哲学。所以说，《博士论文》虽然是在青年马克思的人生导师布鲁诺·鲍威尔等的影响下完成的，还具有自我意识哲学的影子，并不是青年马克思与青年黑格尔派公开决裂的第一个文本[1]，但已经表达出青年马克思与青年黑格尔派不同的"世界观"。在马克思看来，重要的与其说是批判现存制度，不如说是在实践中改变这些制度，所以他不满足于青年黑格尔派的抽象的理论批判。这说明了马克思青年时代的著作的性质——"这些著作虽然看来是抽象的和脱离生

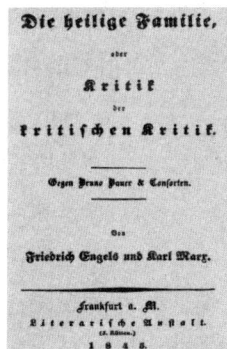

马克思恩格斯合作的第一部著作《神圣家族》（1845）

---

1 第一个公开决裂的文本，应该是 1845 年出版的马克思与恩格斯合写的《神圣家族，或对批判的批判所做的批判。驳布鲁诺·鲍威尔及其伙伴》。

活的，却有了改造世界的目标"[1]——这一点在《博士论文》中已经很明显地表现出来。所以说，《博士论文》的完稿，应该是青年马克思世界观发展中的一个崭新的进步[2]——它埋下了后来与青年黑格尔派决裂的"种子"。

1."个性自由"与"偶然的唯物主义"

可以说，古希腊罗马文化以及德国启蒙运动的英雄主义和人道主义的精神熏陶了青年马克思，使他少年时即身怀埃斯库罗斯、但丁、歌德等英雄人物的崇高理想。他心目中的英雄——斯巴达克、普罗米修斯、伊壁鸠鲁等，都是蔑视权威，争取自由、理性和人类幸福的斗士。马克思写作《博士论文》时，虽然在哲学与现实的关系问题上不同于且高于黑格尔及青年黑格尔派，但总体上还属于具有唯心主义色彩的革命民主主义者，"离开把意识和自我意识理解为客观现实的反映这种唯物主义观点还很远"[3]。不过，在《博士论文》中，马克思试图自然主义地解释黑格尔的绝对唯心主义，使它摆脱神学的前提和结论以及与它们

1　[法]奥古斯特·科尔纽：《马克思恩格斯传》第一卷，刘丕坤等译，生活·读书·新知三联书店1963年版，第243—244页。

2　参见沈真编《马克思恩格斯早期哲学思想研究》，中国社会科学出版社1982年版，第258页。

3　[苏联]捷·伊·奥伊则尔曼：《马克思主义哲学的形成》，潘培新等译，生活·读书·新知三联书店1964年版，第61页。

相互联系的宿命。当然，这个任务单纯从唯心主义立场是不能彻底解决的，但青年马克思的世界观中无神论和唯心主义之间的矛盾却给唯物主义世界观开辟了道路——孕育和预示了马克思未来的唯物主义道路，也即早在马克思还是唯心主义者的时候，在他的世界观中就已经出现了唯物主义因素。在此意义上，确实可以说"正是黑格尔的辩证方法引领他（指马克思——引者）走出主观唯心主义的死胡同"[1]。实际上，至少自 1837 年以来，青年马克思就认真阅读和剖析了黑格尔的《逻辑学》及其整个体系，开始深刻理解黑格尔的辩证法和客观唯心主义的合理内核，能够在围绕黑格尔哲学的论战中保留这一哲学的有益因素，从而既没有直接滑落到主观唯心主义的立场上，也没有简单接受非辩证的和非历史的唯物主义观点。通过《博士论文》，青年马克思建立了超越黑格尔和青年黑格尔派的新的历史观：历史的变易不是取决于导致独断论和空想的抽象的批判，而是取决于事物内在的、固有的辩证法。[2]在这一意义上，费尔

（上图）［德］海因里希·格姆科夫等：《马克思传》，生活·读书·新知三联书店 1978 年版
（下图）［德］海因里希·格姆科夫等：《马克思传》，人民出版社 2000 年版

1　［德］海因里希·格姆科夫等：《马克思传》，易廷镇、侯焕良译，生活·读书·新知三联书店 1978 年版，第 18 页。
2　参见［法］奥古斯特·科尔纽《马克思恩格斯传》第一卷，刘丕坤等译，生活·读书·新知三联书店 1963 年版，第 244 页。

巴哈的唯物主义对青年马克思的影响确实是非常有限的。实际上，青年马克思是带着作为"小百科全书"的《博士论文》与费尔巴哈相遇的，这就决定性地不同于费尔巴哈的"半截子唯物主义"。

单纯在原子论的意义上，德谟克利特和伊壁鸠鲁都是唯物主义哲学家。但德谟克利特对原子只是进行了机械唯物主义的解释，而伊壁鸠鲁却进行了能动唯物主义的解释。"伊壁鸠鲁认为原子在虚空中有三种运动。一种运动是直线式的下落；另一种运动起因于原子偏离直线；第三种运动是由于许多原子的互相排斥而引起的。承认第一种和第三种运动是德谟克利特和伊壁鸠鲁共同的；可是在承认原子偏离直线这一点上，伊壁鸠鲁就和德谟克利特不同了。"[1]马克思认为，伊壁鸠鲁设想原子偏斜运动，是为了站在自我意识的立场上保证人的主体性和自由。由此可见，马克思高度评价伊壁鸠鲁哲学的理由就在于：伊壁鸠鲁与自然的必然性相对立，保证了人的主体性和自由。[2]对此，马克思恩格斯的思想传记作家科尔纽也认为："同德谟克利特的决定论和机械唯物主义相反，伊壁鸠鲁既注意到原子的精神特性，也注意到原子的物质特性，

1　《马克思恩格斯全集》第40卷，人民出版社1982年版，第209页。
2　参见［日］城塚登《青年马克思的思想》，尚晶晶、李成鼎等译，求实出版社1988年版，第31页。

并且强调了行动自由的可能性。"[1] 所以，在德谟克利特和伊壁鸠鲁的自然哲学之间，马克思批评了德谟克利特的自然哲学——原子直线运动——机械决定论："德谟克利特把必然性看作现实性的反思形式。关于他，亚里士多德说过，他把一切都归结为必然性。第欧根尼·拉尔修报道说，一切事物所从中产生的那个原子漩涡就是德谟克利特的必然性。《论诸哲学家的见解》的作者关于这点说得更为详细：'在德谟克利特看来，必然性是命运，是法律，是天意，是世界的创造者。物质的抗击、运动和撞击就是这个必然性的实体。'"[2] 马克思看中的是伊壁鸠鲁的自然哲学——原子偏斜运动——能动的唯物主义，因为这种哲学不是建立在机械唯物主义和决定论之上，而是捕捉到在人身上体现出来的自由活动的。与德谟克利特取消偶然性相反，伊壁鸠鲁说：

> "被某些人当作万物的主宰的必然性，是不存在的，宁肯说有些事物是偶然的，另一些事物则取决于我们的任意性。必然性是不容劝说的，反之，偶然性是不稳定的。所以，宁可听信关于神灵的神话，也比当物理学家所说的命运的奴隶要好些，因

1　［法］奥古斯特·科尔纽：《马克思恩格斯传》第一卷，刘丕坤等译，生活·读书·新知三联书店1963年版，第210页。
2　《马克思恩格斯全集》第40卷，人民出版社1982年版，第203页。

为神话还留下个希望，即由于敬神将会得到神的保佑，而命运却是铁面无情的必然性。应该承认的是偶然，而不是众人所相信的神。""在必然性中生活，是不幸的事，但是在必然性中生活，并不是一个必然性。通向自由的道路到处都开放着，这种道路很多，它们是短而易走的。因此谢天谢地，在生活中谁也不会被束缚住，而对必然性本身加以制约倒是许可的。"[1]

由此可见，伊壁鸠鲁的自然哲学在反对必然性、承认偶然性的前提下，把物质的原始粒子——原子理解为活的、能够意识到自己的元素，认为原子包括了"自由"，也就是脱离直线的偏斜运动，因此，伊壁鸠鲁把原子变成了单个的自我意识的象征。对伊壁鸠鲁来说，"原子——作为一种存在原则，而不是作为一种物理单位——是关于自我意识的绝对自由的一种设计"[2]。所以说，"伊壁鸠鲁的偶然偏斜理论不是纯粹的怪想，而是以自我意识的自由这种观念为中心的思想体系的基本前提"[3]。以此，马克

[波兰]莱泽克·科拉科夫斯基：《马克思主义的主要流派》，唐少杰等译，黑龙江大学出版社2015年版

1　转引自《马克思恩格斯全集》第40卷，人民出版社1982年版，第204页。

2　[波兰]莱泽克·科拉科夫斯基：《马克思主义的主要流派》第一卷，唐少杰等译，黑龙江大学出版社2015年版，第104页。

3　[波兰]莱泽克·科拉科夫斯基：《马克思主义的主要流派》第一卷，唐少杰等译，黑龙江大学出版社2015年版，第103页。

思深刻而正确地得出结论：伊壁鸠鲁的物理学实际上仅仅是他伦理学的一个部分。[1] 伊壁鸠鲁把德谟克利特探索自然规律的物理学改造成为一种可以用于引导人生和改变世界的哲学，这意味着以实体本体论为基础的整个希腊哲学的解体和自我意识哲学的开启。可以说，"伊壁鸠鲁的原子论和自我意识哲学为马克思穿越思想的形而上学之路跃进阳光之中提供了自由之翅"[2]。但马克思和伊壁鸠鲁又有所不同，伊壁鸠鲁认为个人只有脱离世界才能实现其自由，马克思则指出这种做法会使人陷入孤立状态，因而不能对自己的外部环境发生作用，真正改变世界、获得自由。"抽象的个别性是脱离定在的自由，而不是在定在中的自由。它不能在定在之光中发亮。"[3]

在此意义上，作为"花园哲学家"的伊壁鸠鲁是"出世"的——获得的是自己心灵的宁静和自私的幸福："在这里被奉为神明并备受赞扬的东西，正是摆脱其日常束缚而被神化了的个体性，即伊壁鸠鲁的'哲人'及其'心灵的宁静'。崇拜的对象不是作为一个

罗晓颖选编：《菜园哲人伊壁鸠鲁》，罗晓颖、吴小锋等译，华夏出版社2010年版

1　参见［英］戴维·麦克莱伦《卡尔·马克思传》，王珍译，中国人民大学出版社2005年版，第30页。

2　［美］麦卡锡选编：《马克思与亚里士多德——十九世纪德国社会理论与古典的古代》，郝亿春等译，华东师范大学出版社2015年版，第228页。

3　《马克思恩格斯全集》第40卷，人民出版社1982年版，第228页。

神来看待的神之降临，而是作为个人的快乐之神的降临。这个神没有任何别的规定。因为个人的这种自由在这里借以表现的真正形式就是快乐，而且是个人的、感性的快乐，是不受干扰的快乐。"[1] 与伊壁鸠鲁相反的是，"在批判旧世界中发现新世界"的马克思是"入世"的——为人类的自由和幸福而斗争。

按照一种无足轻重的所谓权威的意见，"德谟克利特曾赋予原子以一个精神的原理，因而责备伊壁鸠鲁，说他想出了一个偏斜来代替这个精神的原理"[2]。而在马克思看来，"事实上恰好相反：原子的灵魂只是一句空话，而偏斜却表述了原子的真实的灵魂、抽象个体性的概念"[3]。为此，马克思强调在考察原子偏离直线的后果之前，还必须着重指出一个极其重要、至今完全被忽视的环节，这就是："原子偏离直线并不是特殊的、偶然出现在伊壁鸠鲁物理学中的规定。相反，偏斜所表现的规律贯穿于整个伊壁鸠鲁哲学"，"因此，正象原子由于从直线中抽象出来，偏离直线，从而从自己的相对存在，从直线中解放出来那样，整个伊壁鸠鲁哲学到处都脱离了具有局限性的定在，即凡是抽象个别性的概念（即对他物的一切关系的独立

1　《马克思恩格斯全集》第40卷，人民出版社1982年版，第82页。
2　《马克思恩格斯全集》第40卷，人民出版社1982年版，第214页。
3　《马克思恩格斯全集》第40卷，人民出版社1982年版，第214页。

和否定）应该在它的存在中予以表述的地方，都脱离了具有局限性的定在"。[1] 所以说，伊壁鸠鲁用原子脱离直线的偏斜避免了德谟克利特的严格的机械决定论，而不必归结为某种超自然的力量。"伊壁鸠鲁的原子偏斜说就改变了原子王国的整个内部结构，因为在偏斜中形式的规定显现出来了，而原子概念中所包含的矛盾也实现了。所以伊壁鸠鲁最先理解了排斥的本质，虽然是在感性形式中，而德谟克利特则只认识到它的物质存在。"[2] 在马克思看来，伊壁鸠鲁的这一理解反映了希腊哲人在追问他们自身、城邦和文化当中的变化时，他们自身日益增长的个体主义和自我意识，这种哲学上的解释对马克思的唯物主义新世界观的进一步形成和发展具有重要意义。因而伊壁鸠鲁的原子偏斜"引导我们走向一个对马克思唯物论观念之源头的更为直观、更为微妙的理解"[3]。

　　表面上看，德谟克利特的自然哲学和伊壁鸠鲁的自然哲学，外貌很相似，但在相同的前提下，两种哲学的理论旨趣、真理性及其应用，特别是在思想和现实的关系上，都是截然相反的：德谟克利特把可感知的现实简化为主观的表象，宣称必然性都是决定性

1　《马克思恩格斯全集》第40卷，人民出版社1982年版，第214页。
2　《马克思恩格斯全集》第40卷，人民出版社1982年版，第217页。
3　［美］乔治·麦卡锡：《马克思与古人——古典伦理学、社会正义和19世纪政治经济学》，王文扬译，华东师范大学出版社2011年版，第59页。

的；伊壁鸠鲁则相反，认为任何观念都不能反驳明显
的经验感觉，坚持偶然性是一种真实性，是"实在的
可能性"——偶然的唯物主义——个性自由的能动的
唯物主义："众所周知，偶然是伊壁鸠鲁派居支配地
位的范畴。这是把观念只看作状态的必然结果；状态
就是偶然的存在本身。因此世界的最隐秘的范畴——
原子，它的联系等等便被推向远方，被看作过去的状
态。在虔诚主义者和超自然主义者那里我们也见到同
样的情况。世界的创造、原罪、赎罪，这一切及其全
部虔诚的规定例如天堂等等，不是永恒的、内在的、
不受任何时间限制的观念规定，而是状态。"[1]这就
是伊壁鸠鲁"偶然的唯物主义"所体现的巨大思想史
意义，它是摆脱必然性束缚而体现自由个性的唯物主
义。正是这一唯物主义，打开了马克思通向未来新唯
物主义的大门。

2."世界的哲学化"与"哲学的世界化"

《马克思的青年时代》的作者拉宾一针见血地
指出，乍看起来，马克思《博士论文》的题目是极
端空洞的，但这仅仅是乍看而已，"青年马克思
的功绩在于他能够深刻地看到这一题目的现实内

1　《马克思恩格斯全集》第40卷，人民出版社1982年版，第130页。

容"[1]。而这一"现实内容"，实际上就是马克思在《博士论文》中所阐述的哲学与现实世界的相互关系——这是青年马克思独立探索并确立新世界观的开端。可以说，贯穿青年马克思《博士论文》的一条基本理论线索，就是如何看待和解决哲学与现实世界的关系问题。

[苏联]尼·拉宾:《马克思的青年时代》，南京大学外文系俄罗斯语言文学教研室翻译组译，生活·读书·新知三联书店1982年版

对于哲学与现实世界的关系问题，黑格尔之后有两个相互对立的派别——自由派和实证派。对于这两个派别的实质及其相互关系，马克思在《博士论文》的"附注"中作了具体阐释：

> 哲学自我意识的这种双重性表现为两个极端对立的流派：其中的一个流派，我们可以一般地称为自由派，它努力保持哲学的概念和原理；而另一个流派则把哲学的非概念的东西，即实在性的环节作为主要的规定。这第二个流派就是实证哲学。第一个流派的活动就是批判，也正是哲学自身的向外转向；第二个流派的活动是进行哲学思考的尝试，也就是哲学的转向自身，同时这第二个流派认为，缺陷对哲学来说是内在的，而第一个流派却把它看作是世界的缺陷，必须使世界哲学化。两派中的每

1　[苏联]尼·拉宾:《马克思的青年时代》，南京大学外文系俄罗斯语言文学教研室翻译组译，生活·读书·新知三联书店1982年版，第39页。

一派所作的正是对方所要作的事和它自己所不愿作的事。但是第一派在它的内在矛盾中意识到了它的一般原则和目的。在第二派里却出现了颠倒，也可以说是本身的错乱。在内容上，只有自由派，因为它是概念的一派，才能带来真实的进步，而实证哲学只能产生一些这样的要求和倾向，这些要求和倾向的形式同它们的意义是互相矛盾的。[1]

19 世纪 30—40 年代，黑格尔之后的德国哲学表现为自由派和实证派之间的对立。在德国自称为"实证论者"的是一些反动的哲学家和封建浪漫主义反动思想的宣扬者。他们与黑格尔相反，断言自我意识的最高形式不是哲学而是宗教。哲学被"实证论者"说成是不能证明它所研究的客体的实在性的一种理论。从这个意义上说，他们把哲学说成是"反面的知识"，而把基督教教义作为"正面的知识"与哲学相对立。显而易见，"实证论者"捍卫德国存在过的封建关系，而且力图恢复这种关系完全占统治地位的那个时代。在马克思这里，自由派主要是指青年黑格尔派。他们批评德国的现状，力求实现哲学的要求，因而能够"带来真实的进步"——这也是马克思最初加入该派的主要原因。但与害怕实际斗争而妥协的青年黑格尔派

1　《马克思恩格斯全集》第 40 卷，人民出版社 1982 年版，第259—260 页。

不同，马克思认为，自我意识的发展所产生的矛盾，自我意识和人的日常生活之间的冲突，只有通过泰坦式的斗争才能解决。马克思主张不要害怕斗争，只有这种斗争才能导向幸福时代——幸福就是"斗争"。

在《关于伊壁鸠鲁哲学的笔记》（笔记五）中，马克思认为哲学是一种能够影响和改变世界的积极力量，而黑格尔之后的哲学已经达到了一个新的转折点：

> 同样也存在着这样的时刻：哲学已经不再是为了认识而注视着外部世界；它作为一个登上了舞台的人物，可以说与世界的阴谋发生了瓜葛，从透明的阿门塞斯王国走出来，投入那尘世的茜林丝的怀抱。这是哲学的狂欢节；它象犬儒主义者那样装出一副狗相，象亚历山大里亚派哲学家那样穿起祭司的法衣，或者象伊壁鸠鲁派那样披上芬芳的春装。对哲学来说现在极其重要的是，它给自己戴上了各种具有特色的假面具。象传说中的杜卡利昂创造人时把石头向后扔那样，哲学在决心创造世界后，则把自己的眼睛往后扔（哲学的母亲的骨骼，就是明亮的眼睛）；然而象普罗米修斯从天上盗来天火之后开始在地上盖屋安家那样，哲学把握了整个世界以后就起来反对现象世界。[1]

1　《马克思恩格斯全集》第 40 卷，人民出版社 1982 年版，第135—136 页。

但青年黑格尔派把理论同实践绝对地对立起来，以此作为他们拒绝同实证派——封建浪漫主义反动思想进行实际政治斗争的根据。他们倾向于把革命归入这样一种经验的现实之内，仿佛自我意识永远凌驾于这种现实之上。在此意义上，马克思深刻指出青年黑格尔派的实质就是：在世界和思想之间所建立的一般关系中，哲学家"只是为自己而把他的特殊意识同现实世界的关系客观化了"[1]。由此他们便产生了意识中的革命的思想，但这绝不是现实的、实践的革命思想，因为这种革命的主要推动者不是哲学，而是社会现实。在马克思看来，"世界正是应当从其自然的原因中，而不是从自然之前的逻辑中，从概念的运动中得到阐明"[2]。所以与青年黑格尔派不同，马克思否定了自我意识同人们的日常生活的绝对对立，证明了实践的革命行动的必要性。因此，马克思嘲笑那些认为人的精神不能认识事物本质、主张盲目屈从似乎不可知的现象世界的哲学体系的代表是"无知的职业祭司"[3]。马克思高于黑格尔及青年黑格尔派而深刻认识到："一个本身自由的理论精神变成实践的力量，并且作为一种意志走出阿门塞斯的阴影王国，转而面

---

1 《马克思恩格斯全集》第40卷，人民出版社1982年版，第203页。
2 沈真编：《马克思恩格斯早期哲学思想研究》，中国社会科学出版社1982年版，第77页。
3 《马克思恩格斯全集》第40卷，人民出版社1982年版，第59页。

向那存在于理论精神之外的世俗的现实，——这是一条心理学的规律。"[1]

在此意义上，马克思强调：

> 当哲学作为意志反对现象世界的时候，体系便被降低为一个抽象的整体，这就是说，它成为世界的一个方面，于是世界的另一个方面就与它相对立。哲学体系同世界的关系就是一种反映的关系。哲学体系为实现自己的愿望所鼓舞，同其余方面就进入了紧张的关系。它的内在的自我满足及关门主义被打破了。那本来是内在之光的东西，就变成为转向外部的吞噬性的火焰。于是就得出这样的结果：世界的哲学化同时也就是哲学的世界化，哲学的实现同时也就是它的丧失，哲学在其外部所反对的东西就是它自己内在的缺陷，正是在斗争中它本身陷入了它所反对的错误，而且只有当它陷入这些错误时，它才消除掉这些错误。[2]

由此可以看出，青年马克思不同于黑格尔和青年黑格尔派的观点在于，他主张哲学转向外部世界，通过理论的批判来改变不合理的现实世界，把非理性的现实世界改造成为合乎理性的，把哲学之反对不自由、

---

[1] 《马克思恩格斯全集》第40卷，人民出版社1982年版，第258页。
[2] 《马克思恩格斯全集》第40卷，人民出版社1982年版，第258页。

非理性的世俗世界上升到哲学思想内在发展规律的高度，使世界变成哲学的世界——世界的哲学化；同时，世界在同哲学的联系中，也把自己的实体性内容转给了哲学，使哲学自身不断地完善和丰富，所以哲学变成了世界的哲学——哲学的世界化。

　　但马克思认为，世界的哲学化与哲学的世界化的统一，是绝不能通过像青年黑格尔派所主张的那样以任何调节或中和来实现的，因为调节会削弱作为世界历史动力的辩证矛盾；相反的，应该首先使哲学和世界之间的矛盾达到顶峰，以便使世界与哲学的和谐通过无所不包的革命得以恢复和实现。对此，马克思在《关于伊壁鸠鲁哲学的笔记》（笔记五）中明确指出：

　　　　与本身是一个整体的哲学相对立的世界，是一个支离破碎的世界。因而这个哲学的能动性也表现得支离破碎，自相矛盾；哲学的客观普遍性变成个别意识的主观形式，而哲学的生命就存在于这些主观形式之中。但是不应对这场继伟大的世界哲学之后出现的风暴，感到惊慌失措。普通竖琴在任何人手中都会响；而风神琴只有当暴风雨敲打琴弦时才会响。[1]

───────────────

1　《马克思恩格斯全集》第40卷，人民出版社1982年版，第136页。

在哲学与世界的斗争中，"批判哲学"——青年黑格尔派不但反对世界本身，而且也反对在世界上占统治地位的哲学——黑格尔哲学。但是在进行具体"斗争"时，它既没能在理论上战胜以前占统治地位的哲学，也没能在实践上实现对世界的改造——它本身反而不自觉地成了它所反对的哲学的"实现"。马克思的哲学批判不是为批判而批判，"而是旨在创造另一个不同于当时局面的现实并在这一过程中发挥重要作用"[1]。所以说，在"世界的哲学化"与"哲学的世界化"相统一的意义上，青年马克思"既与青年黑格尔派相信批判精神的至高无上不相一致，又与黑格尔的保守主义不相吻合。与以上两者的分道扬镳，此时初露端倪"[2]。面对这样一个"革命"的时代，青年黑格尔派尽管热衷于"革命的口号"，却不能真正做到理论与实践相结合，而满足于单纯理论上的批判和调和。马克思则认为，最重要的不是满口喊震撼世界的口号，而是改变现存社会制度并对它施加积极影响。对此，苏联的马克思传记作家费多谢耶夫指出：写作《博士论文》时期的马克思"总的说来尽管还是

[波兰] 兹维·罗森：《布鲁诺·鲍威尔和卡尔·马克思：鲍威尔对马克思思想的影响》，王谨等译，中国人民大学出版社1984年版

1　[波兰] 兹维·罗森：《布鲁诺·鲍威尔和卡尔·马克思：鲍威尔对马克思思想的影响》，王谨等译，中国人民大学出版社1984年版，第190页。

2　[波兰] 莱泽克·科拉科夫斯基：《马克思主义的主要流派》第一卷，唐少杰等译，黑龙江大学出版社2015年版，第103页。

一个唯心主义者、黑格尔派，但他公开表明了无神论的观点，宣布了哲学应该积极地对待现实的原则"[1]。

按照马克思的见解，哲学和世界、自我意识和具体现实之间，乍看起来似乎是对立的关系，而深入考察却发现是相互作用的关系。所以，马克思主张不应该把这两个对立的因素形而上学地看成是两个凝固的本质，而应看到它们的辩证统一：哲学从世界中分离出来以后，它重新进入世界，同时改变世界；然后它再一次作为抽象的整体而同世界分裂，并且通过批判把自己同世界对立起来而重新决定它的进一步发展。对此，科尔纽深刻指出，在《博士论文》的附录中，"马克思第一次理解了思维和存在、精神和具体现实之间的相互作用，这种理解使他既超过了黑格尔，也超过了鲍威尔和其他青年黑格尔分子"[2]。

1　［苏联］彼·费多谢耶夫等：《卡尔·马克思》，孙家衡等译，生活·读书·新知三联书店1980年版，第20页。
2　［法］奥古斯特·科尔纽：《马克思恩格斯传》第一卷，刘丕坤等译，生活·读书·新知三联书店1963年版，第201页。

五、《博士论文》架起了古希腊思想通向《资本论》的"桥梁"

美国学者麦卡锡指出，《博士论文》为马克思初期和后来研究社会生产关系设定了道路、方向和优先性。正如《博士论文》始于批判异己的自然外在性，《资本论》始于批判政治经济学的"自然规律"——从物理学到政治经济学，这恰恰就是马克思毕生工作的重心和灵魂所在。[1]在此意义上，我们确实可以说马克思的《博士论文》就是《资本论》的古希腊思想起源：从批判主题来看，《资本论》作为"政治经济学批判"，实现了从《博士论文》的"宗教（神学）批判"到《资本论》的"拜物教批判"的转变；从批判内容来看，《资本论》作为"工人阶级的圣经"，实现了从伊壁鸠鲁的"原子自由"到《资本论》的"资

[美]乔治·麦卡锡：《马克思与古人——古典伦理学、社会正义和19世纪政治经济学》，王文扬译，华东师范大学出版社2011年版

1　参见［美］乔治·麦卡锡《马克思与古人——古典伦理学、社会正义和19世纪政治经济学》，王文扬译，华东师范大学出版社2011年版，第61页。

本自由"再到"人之自由"的演进和转变；从批判方法来看，《资本论》作为"合理形态的辩证法"，实现了从伊壁鸠鲁"能动的唯物主义"对原子"质料"与"形式"的区分，到《资本论》对资本"现象"与"本质"的揭示——"资本现象学"的转变。因而，《博士论文》既是《资本论》的古希腊思想起源，也架起了古希腊思想通向《资本论》的"桥梁"。

1. 批判主题：从"宗教批判"到"拜物教批判"

宗教批判可以说是马克思一生的主题，虽然这一主题也深受费尔巴哈《基督教的本质》（1841 年 11

费尔巴哈（1804—1872），德国人本主义哲学家，青年黑格尔派主要代表人物之一，其唯物主义和宗教观对青年马克思的哲学有一定影响，马克思称其唯物主义为"半截子唯物主义"，主要著作有《基督教的本质》《未来哲学原理》等

［德］费尔巴哈：《基督教的本质》，荣震华译，商务印书馆 1984 年版

卢克莱修（约前98—前55），古罗马共和国末期的诗人和哲学家，以哲理长诗《物性论》著称于世，他继承古代原子学说，特别是阐述并发展了伊壁鸠鲁的哲学观点

［古罗马］卢克莱修：《物性论》，方书春译，商务印书馆1981年版

月）的影响，但最早和最初影响马克思的宗教批判的，并不是费尔巴哈，而是马克思《博士论文》（1839—1840）中的伊壁鸠鲁。马克思的《博士论文》之所以选择并赞扬伊壁鸠鲁的原子论哲学，其中一个重要原因就是伊壁鸠鲁的"无神论"。

在马克思看来，哲学不再是神学的婢女，它的任务在于反对神、解放人。所以，马克思充分肯定"伊壁鸠鲁说神并不关心个人，他是相当诚实的"[1]。作为"卢克莱修之外伊壁鸠鲁的又一个千年知音"[2]，马克思称赞"伊壁鸠鲁是最伟大的希腊启蒙思想家"，他是无愧于卢克莱修——他为马克思打开了伊壁鸠鲁

1　《马克思恩格斯全集》第40卷，人民出版社1982年版，第85页。
2　张广照：《马克思〈博士论文〉研究读本》，中央编译出版社2017年版，第111页。

哲学的钥匙——的称颂的：

> 当大地满目悲凉，
>
> 人类在宗教的重压下备受煎熬，
>
> 而宗教则在天际昂然露出头来，
>
> 凶相毕露地威逼着人们的时候，
>
> 是一个希腊人首先敢于抬起凡人的目光
>
> 挺身而出，与之抗争。
>
> 任是神道，任是闪电，或者天空
>
> 吓人的雷霆都不能使他畏惧……[1]

伊壁鸠鲁反抗神与宗教的力量和权威，强调人类精神的绝对自主性，他把人从一切超验对象的迷信中解放出来。正是伊壁鸠鲁的这种无神论的大无畏斗争精神，深刻启发和影响了青年马克思。"哲学，只要它还有一滴血在它那个要征服世界的、绝对自由的心脏里跳动着，它就将永远用伊壁鸠鲁的话向它的反对者宣称："渎神的并不是那抛弃众人所崇拜的众神的人，而是同意众人关于众神的意见的人。'"[2] 在这里，马克思确实是千年之后最深谙并大力弘扬伊壁鸠鲁无神论之主旨的人。在《博士论文》的序言中，马克思借"哲学日历中最高尚的圣者和殉道者"普罗米修斯

1　《马克思恩格斯全集》第40卷，人民出版社1982年版，第242页。

2　《马克思恩格斯全集》第40卷，人民出版社1982年版，第189页。

之口，振聋发聩地喊出了"我痛恨所有的神"，并强调"这是哲学的自白，它自己的格言，借以表示它反对一切天上的和地上的神，这些神不承认人的自我意识具有最高的神性。不应该有任何神同人的自我意识相并列。"[1]在这里，马克思充分高扬人的自我意识，把它提高到神甚至高于神的地位。在后来的《德意志意识形态》中，马克思进一步指出，"伊壁鸠鲁则相反，他是古代真正激进的启蒙者，他公开地攻击古代的宗教，如果说罗马人有过无神论，那末这种无神论就是由伊壁鸠鲁奠定的。因此卢克莱修歌颂伊壁鸠鲁是最先打倒众神和脚踹宗教的英雄"[2]。伊壁鸠鲁既是古代伟大的启蒙者，也是坚定的无神论者。伊壁鸠鲁对待神的态度不同，也即与德谟克利特对待原子运动的态度不同，这实际上意味着：当伊壁鸠鲁颠覆了宗教时，德谟克利特却使通往迷信与神秘主义的大门大大敞开。可以说，在古希腊晚期，伊壁鸠鲁是最彻底的反宗教的无神论者。诚如梅林所言，伊壁鸠鲁"对那从天空高处以凶恶的目光恫吓人类的宗教进行斗争"[3]。这也正是马克思喜欢和追随伊壁鸠鲁最重要

1　《马克思恩格斯全集》第40卷，人民出版社1982年版，第189—190页。

2　《马克思恩格斯全集》第3卷，人民出版社1960年版，第147页。

3　［德］弗·梅林：《马克思传》，樊集译，人民出版社1972年版，第42页。

斐迪南·拉萨尔（1825—1864），德国著名的政治家、哲学家、法学家，社会主义者，德国早期工人运动领导人，全德工人联合会的创立者，国际共产主义运动中机会主义路线的重要代表，曾经是马克思的好友

的原因。正是由于发现和借助于伊壁鸠鲁，青年马克思高于其他青年黑格尔派成员而具有最为强烈的反抗和批判宗教的大无畏精神。

马克思从《博士论文》时期开始的宗教批判，延续到《资本论》时表现为"拜物教批判"。如果说伊壁鸠鲁的宗教批判反对的是"超感性世界"的"神"，那么马克思《资本论》的拜物教批判反对的就是"可感觉而又超感觉"的"物"——商品、货币和资本。在此意义上，从宗教批判到拜物教批判是马克思一生持之以恒的事业。在全面转向"政治经济学批判"之后，马克思还在写给拉萨尔的信中强调："［较晚的］哲学家——伊壁鸠鲁（尤其是他）、斯多葛派和怀疑论者，［我］曾专门研究过，但与其说出于哲学的兴趣，不如说出于［政治的］兴趣。"[1]正是由于这一"政治的兴趣"，青年马克思甘做人间的普罗米修斯，为人间盗取和播撒天火，照亮和改变现实世界，重新安置人类家园："象普罗米修斯从天上盗来天火之后开始在地上盖屋安家那样，哲学把握了整个世界以后就起来反对现象世界。"[2]在此意义上，马克思所谓的"反

1　《马克思恩格斯全集》第29卷，人民出版社1972年版，第527页。
2　《马克思恩格斯全集》第40卷，人民出版社1982年版，第136页。

对现象世界",也就是后来在《〈黑格尔法哲学批判〉导言》和《关于费尔巴哈的提纲》中强调的"为历史服务的"哲学的任务在于"改变世界"。马克思之后的理论研究和诸多著作,实际上都是围绕"反对现象世界"和"改变世界"的任务展开的。马克思"反对现象世界"和"改变世界"的集大成之作,正是"倾其一生"的巨著《资本论》。而《资本论》对"现象世界"的反对和改变,正是通过拜物教批判实现的。

马克思对"拜物教"实质的把握,正是建立在宗教批判的意义和基础之上的。在马克思看来,宗教是"超脱感性欲望"的,而拜物教只是"感性欲望的宗教":"现在谈谈'拜物教'吧!这完全是廉价读物上的学问!拜物教远不能使人**超脱**感性欲望,相反,它倒是'**感性欲望的宗教**'。欲望引起的幻想诱惑了偶像崇拜者,使他以为'无生命的东西'为了满足偶像崇拜者的贪欲可以改变自己的自然特性。"[1]在此意义上,拜物教作为"感性欲望的宗教",本质上就是超感性世界的宗教的世俗化。这一世俗化,实际上就是从"神圣形象"的世界到"非神圣形象"的世界

(上图)《资本论》德文第一版(1867年)
(下图)《资本论》法文第一版(1872年)

1　《马克思恩格斯全集》第1卷,人民出版社1995年版,第212页。

（上图）《资本论》，人民出版社 1975 年版

（下图）法文版《资本论》第一个中译本，中国社会科学出版社 1983 年版

的转变。《资本论》的三大拜物教——商品拜物教、货币拜物教和资本拜物教，无一不是对超感性世界的宗教的世俗化表达。而反过来，拜物教又把世俗事物神秘化了："经济学家们把人们的社会生产关系和受这些关系支配的物所获得的规定性看作物的**自然属性**，这种粗俗的唯物主义，是一种同样粗俗的唯心主义，甚至是一种拜物教，它把社会关系作为物的内在规定归之于物，从而使物神秘化。"[1] 在这里，马克思一针见血地揭示了拜物教的实质及其秘密。为此，青年马克思明确反对不懂拜物教的康德派的不可知论，认为"康德派可说是无知的职业祭司，他们每天干的事就是哭诉自己的虚弱和事物的强大"[2]。在此基础上，日本学者认为马克思的《博士论文》是对康德第一批判的总体性批判是有道理的：贯穿整个《资本论》体系的拜物教－物象化的理论开端，就是以《博士论文》中对康德二律背反－谬误推理的批判为基础的。[3]

从《博士论文》到《资本论》，从宗教批判到拜物教批判，从《资本论》第 1 卷到第 3 卷，从商品拜

1　《马克思恩格斯全集》第 31 卷，人民出版社 1998 年版，第 85 页。

2　《马克思恩格斯全集》第 40 卷，人民出版社 1982 年版，第 59 页。

3　参见［日］内田弘《〈博士论文〉作为〈资本论〉形成史的起点》，由阳译，《晋阳学刊》2017 年第 6 期。

物教批判、货币拜物教批判到资本拜物教批判，马克思持续而深刻地推进着以对拜物教形态演变的揭示和批判的形式实现着对作为"感性欲望的宗教"本质的批判。特别是在"生息资本"这里，马克思敏锐而深刻地捕捉到了"拜物教"的最完全、最彻底的形式："在生息资本上，资本关系取得了它的最表面和最富有拜物教性质的形式。"[1]正是这一形式，最完全、最彻底地凸显了资本自行增殖的假象，并掩盖了资本作为"吸血鬼"的剥削本质和剩余价值的真正来源。"这个自动的物神，自行增殖的价值，会生出货币的货币，纯粹地表现出来了，并且在这个形式上再也看不到它的起源的任何痕迹了。"[2]也就是说，正是"生息资本"使资产阶级社会的拜物教获得了它最完美的形式和最完全的意义。而马克思《资本论》的这一资本拜物教批判，也意味着自《博士论文》开始的宗教批判得以真正完成。

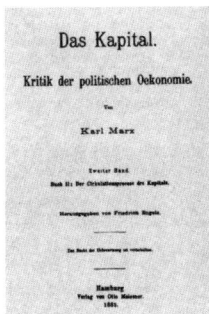

（上图）《资本论》第 2 卷 1885 年版
（下图）《资本论》第 3 卷 1894 年版

1　［德］马克思：《资本论》第 3 卷，人民出版社 2004 年版，第 440 页。

2　［德］马克思：《资本论》第 3 卷，人民出版社 2004 年版，第 441 页。

2. 批判内容: 从"原子自由"到"人之自由"

马克思的《博士论文》,从直接内容来看是属于哲学史,特别是属于古希腊哲学史,但马克思的研究并不是通常的"照着说",甚至也不是"接着说",而是"反着说"——他对古希腊晚期哲学史作出了完全异于他人的论断——这也是将"怀疑一切"作为箴言的马克思一生的风格。也就是说,马克思的《博士论文》是"修正式"的——他试图发展一套新的、不同于先前的解释,并推翻长期以来流行的学术观点。以往人们(包括西塞罗、莱布尼茨、康德,甚至黑格尔等)都认为,后亚里士多德时代的哲学家都是不值一提的追随派,特别是认定伊壁鸠鲁的原子论只不过是在拙劣地模仿和复述甚至是歪曲之前德谟克利特原子论的观点。但在马克思看来,伊壁鸠鲁却是实现了原子论从"实体"(德谟克利特)到"主体"(伊壁鸠鲁)的革命。

在原子论上,表面看伊壁鸠鲁和德谟克利特在关注同一主题,但青年马克思透过自己的一双慧眼,看到了伊壁鸠鲁与德谟克利特的根本不同点:伊壁鸠鲁承认"原子偏离直线"——这正是伊壁鸠鲁的独到之处,它体现的不是必然性和共性,而是偶然性和个性。马克思想证明的,不是伊壁鸠鲁模仿了德谟克利特的原子论,而是伊壁鸠鲁的原子论才是最初原创的版本,而且在重要性和深刻性上更胜德谟克利特的原子论。
在伊壁鸠鲁这里，原子论已经不是纯粹自然科学的
原则，而首先是解决最重要的现实问题，即在世界
日益瓦解的情况下维护个人自由的一种手段。在马
克思这里，伊壁鸠鲁就是后亚里士多德时代以"原
子自由"为标志的追求"人之自由"的古希腊代言人。
马克思看中和赞美的，正是伊壁鸠鲁哲学中所具有
的重视个性和自由的维度和因素。马克思反对和批
判以黑格尔哲学为代表的根据本质来衡量个别存在，
根据观念来衡量特殊现实的逻辑本质主义。在此意
义上，马克思自己则是"后黑格尔时代"反对"资
本自由"的追求"人之自由"的 19 世纪代言人。

　　在马克思看来，德谟克利特注重的是原子的物质
存在，而伊壁鸠鲁还说明了原子的概念本身——它的
质料和形式，以及它的存在和本质。伊壁鸠鲁不仅把
原子看作现象世界的物质基础，而且看作孤立的个体
的象征——抽象个别性的自我意识的形式原则。所以
马克思深刻认识到，伊壁鸠鲁不是像一般人认为的那
样，只不过照抄和歪曲了德谟克利特的物理学，而是
把自主性观念引入了原子运动。实际上，伊壁鸠鲁的
物理学仅仅是他伦理学的一个部分而不是相反，他为
雅典城提供了"个人行为准则"[1]。由此，马克思认

1　［英］戴维·麦克莱伦：《卡尔·马克思传》，王珍译，中
国人民大学出版社 2005 年版，第 30 页。

为，人们"把原子偏离直线的原因理解得太表面化和太无内在联系了"，"如果原子没有偏斜就不会互相碰撞，那么用偏斜来说明自由就是多余的，因为正如我们在卢克莱修那里所看到的那样，只有在原子被决定和被迫互相碰撞之时，才开始有自由的反面"。[1]所以卢克莱修很正确地断言，偏斜运动打破了"命运的束缚"。[2]正因如此，马克思深刻认识到"在所有古代人中卢克莱修是唯一理解了伊壁鸠鲁的物理学的人"[3]。实际上，在马克思作出如此论断的时候，他自己也不自觉地成了"在所有现代人中是唯一理解了伊壁鸠鲁的物理学的人"。对此，马克思自己一直有着清醒的自觉意识："对伊壁鸠鲁则可以详细地指出：虽然他是以德谟克利特的自然哲学为出发点，但是他到处都把问题要点颠倒过来。"[4]在此意义上，马克思自《博士论文》开始，也是如此对待黑格尔哲学的。

应该说，在马克思去巴黎前或正式接触政治经济学之前，主要还是在哲学领域或自我意识领域理解伊壁鸠鲁，批判和颠倒黑格尔。但阅读政治经济学著作（特别是在编辑《德法年鉴》时亲自审阅和编辑了恩

1　《马克思恩格斯全集》第40卷，人民出版社1982年版，第211页。
2　《马克思恩格斯全集》第40卷，人民出版社1982年版，第213页。
3　《马克思恩格斯全集》第40卷，人民出版社1982年版，第211页。
4　《马克思恩格斯全集》第29卷，人民出版社1972年版，第529页。

格斯的《国民经济学批判大纲》）之后，马
克思就实现了一个根本性的转向：开始在政
治经济学的意义上借助伊壁鸠鲁来理解黑格
尔、理解社会现实。马克思这一转向的标志
性成果，就是《1844 年经济学哲学手稿》。
虽然在《〈黑格尔法哲学批判〉导言》中，
马克思就意识到要通过消灭人在"神圣形象"
中的自我异化，到消灭人在"非神圣形象"
中的自我异化，来明确自己"为历史服务"
的哲学的根本任务：对天国的批判变成对尘
世的批判，对宗教的批判变成对法的批判，
对神学的批判变成对政治的批判。[1] 但马克思
哲学这一任务的最终实现，却是通过从《1844
年经济学哲学手稿》到《资本论》的"政治经济学批判"
来完成的。而在《博士论文》这里，马克思既从伊壁
鸠鲁的原子偏斜论看到了人摆脱"神圣形象"统治的
可能，又受其启发看到了人在现实生活中摆脱"非神
圣形象"统治的可能。也正是在此意义上，马克思高
度认可和赞扬恩格斯的《国民经济学批判大纲》为"批
判经济学范畴的天才大纲"[2]，该"大纲"作出了"国
民经济学"就是"基督教经济学"的深刻论断（这也

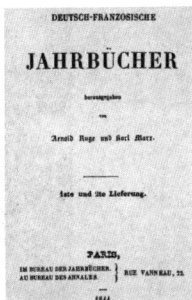

（上图）马克思与卢
格合编的《德法年
鉴》第 1—2 期合刊
（1844 年 2 月在巴黎
出版）
（下图）恩格斯发
表在《德法年鉴》
上的《国民经济学
批判大纲》首页

1　参见《马克思恩格斯选集》第 1 卷，人民出版社 2012 年版，
　　第 2 页。
2　《马克思恩格斯选集》第 2 卷，人民出版社 2012 年版，第 3 页。

马克思和恩格斯会面（1844年8月28日）的巴黎摄政咖啡馆

奠定了马克思和恩格斯开始一生合作和保持终生友谊的理论基础[1]）。可以说，正是在伊壁鸠鲁追求"原子自由"的启发下，又借鉴了恩格斯的《国民经济学批判大纲》，马克思成功开启了一条通过"政治经济学批判"而走向"人之自由"的康庄大道。

马克思从哲学批判转向政治经济学批判的最终任务，就是他与恩格斯在《共产党宣言》中明确指出的：变"资本具有独立性和个性"为"活动着的个人"具有"独立性和个性"。[2]对此，在深入研究政治经济

1　1844年8月28日，马克思和恩格斯在巴黎卢浮宫附近的摄政咖啡馆第二次会面，这次两人越谈越投机，连续交谈了10个日日夜夜，发现彼此"在一切理论领域中都显出意见完全一致"（《马克思恩格斯选集》第4卷，人民出版社2012年版，第202页）。

2　参见《马克思恩格斯选集》第1卷，人民出版社2012年版，第415页。

学的《1857—1858年经济学手稿》中，马克思又深刻地指出个人现在受"抽象"统治。而人要摆脱"抽象"——非神圣形象——的统治，就必须从人的依附性和独立性走向人的自由个性："人的依赖关系（起初完全是自然发生的），是最初的社会形式，在这种形式下，人的生产能力只是在狭小的范围内和孤立的地点上发展着。以物的依赖性为基础的人的独立性，是第二大形式，在这种形式下，才形成普遍的社会物质变换、全面的关系、多方面的需要以及全面的能力的体系。建立在个人全面发展和他们共同的、社会的生产能力成为从属于他们的社会财富这一基础上的自

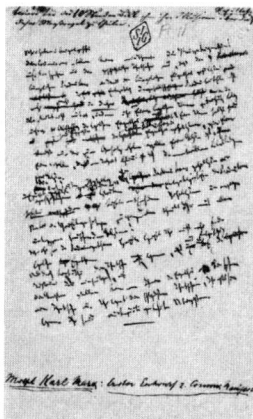

《共产党宣言》存世的唯一一页手稿（顶部两行为马克思的夫人燕妮笔迹）

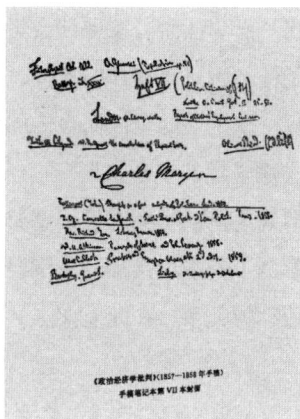

《1857—1858年经济学手稿》笔记本第Ⅶ本封面

由个性，是第三个阶段。"[1] 在马克思看来，人虽然摆脱了"依赖关系"——"神圣形象"的统治，获得了一定的独立性，但这只是"以物的依赖性为基础的人的独立性"，还不是彻底的独立性——人还受"非神圣形象"的统治。所以，马克思强调还需要在"独立性"的基础上，进一步形成和发展人的自由个性，"培养社会的人的一切属性，并且把他作为具有尽可能丰富的属性和联系的人，因而具有尽可能广泛需要的人"——作为具有"高度文明的人"[2] 生产出来，使每个人的"个性得到自由发展"[3]。这其实也正是贯穿作为"政治经济学批判"的《资本论》表面的商品、货币和资本批判背后最根本、最深刻的一条"红线"："从而去发展社会生产力，去创造生产的物质条件；而只有这样的条件，才能为一个更高级的、以每一个个人的全面而自由的发展为基本原则的社会形式建立现实基础。"[4] 在《资本论》及其政治经济学批判这里，马克思像伊壁鸠鲁颠倒原子论一样，彻底颠倒了资本主义社会所围绕和旋转的轴心——资本和劳动的关系。在此意义上，《资本论》关注的确实不

1　《马克思恩格斯全集》第30卷，人民出版社1995年版，第107—108页。

2　《马克思恩格斯全集》第30卷，人民出版社1995年版，第389页。

3　《马克思恩格斯全集》第31卷，人民出版社1998年版，第101页。

4　［德］马克思：《资本论》第1卷，人民出版社2004年版，第683页。

是"资本的政治经济学"而是"劳动的政治经济学"，不是"资产阶级的政治经济学"而是"无产阶级的政治经济学"。

所以说，马克思写作《博士论文》，并不是仅仅为了通过亚里士多德之后的古希腊哲学体系——伊壁鸠鲁主义、斯多葛主义和怀疑主义，来论证自我意识哲学，论证无神论观点和资产阶级民主主义的观点，而是初步开始了与前人哲学——黑格尔哲学及青年黑格尔派的对立和根本超越。马克思揭示了古希腊两个唯物主义者——德谟克利特和伊壁鸠鲁各自原子论的差别，而更加赞扬作为"能动的唯物主义者"伊壁鸠鲁的哲学。马克思认为，古希腊晚期出现的伊壁鸠鲁主义、斯多葛主义和怀疑主义并不是"一些特殊现象"，而是"罗马精神的原型"，即希腊迁移到罗马去的那种形态，它们"充满了特殊性格的、强有力的、永恒的本质，以致现代世界也应该承认它们的充分的精神上的公民权"。[1]可以说，在马克思对现代性、科学和实证论的批判中，对资本主义社会关系错误的客观性摧毁了个体自由和自我意识之可能性的批判中，古希腊人占据着他理智与情感的中心。[2]在哲学史上，马克思最为充分地肯定了古希腊

1　《马克思恩格斯全集》第40卷，人民出版社1982年版，第194页。
2　参见［美］乔治·麦卡锡《马克思与古人——古典伦理学、社会正义和19世纪政治经济学》，王文扬译，华东师范大学出版社2011年版，第27页。

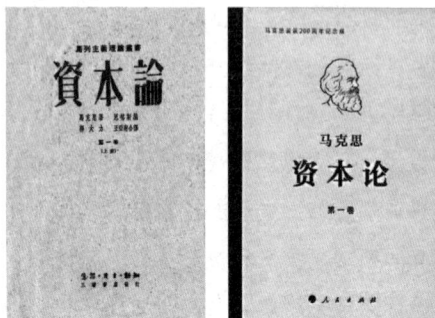

《资本论》第1卷，郭大力、王亚南译，生活·读书·新知三联书店1950年版　《资本论》马克思诞辰200周年纪念版，人民出版社2018年版

晚期哲学争取自由、高扬人的能动性这个源于古希腊哲学并贯穿哲学史的精神实质，从而为马克思《资本论》通过"政治经济学批判"来变资本的独立性和个性为现实的人的独立性和个性，最终实现人的彻底解放和自由全面发展架起了"桥梁"。所以说，对伊壁鸠鲁原子偏斜说的诠释，打出了马克思思想中第一颗"自由"的"个体性"的火星，从此它作为火种持续燃烧到《共产党宣言》和《资本论》，而且这"自由"的"个体性"的第一颗火星，从它一闪现就是批判地冲向现实的。[1]

---

[1]　参见黄克剑《走近早期马克思》，《哲学研究》2003年第7期。

1848 年 2 月于伦敦出版
的《共产党宣言》初版
封面

1920 年出版的陈望道译
《共产党宣言》第一个
中文全译本（印刷时"共
产党"误印为"共党产"）

3. 批判方法：从"原子现象学"到"资本现象学"

通常，人们认为青年马克思有一个从唯心主义者到唯物主义者的转变过程。但实际上，自读大学始，马克思就不是一个唯心主义者，虽然他承认自己是黑格尔的学生，并在柏林读大学时因病休养期间，从头到尾读了黑格尔的著作，也读了他大部分弟子的著作，[1]但马克思深刻认识到"康德和费希特在太空飞翔，对未知世界在黑暗中探索"，也不喜欢黑格尔那"古怪的调子"，而自己"只求深入全面地领悟在地面上

1　参见《马克思恩格斯全集》第 40 卷，人民出版社 1982 年版，第 16 页。

遇到的日常事物"。[1] 在此基础上，青年马克思一开始就是自觉地反对黑格尔的思辨哲学的，反对他以思辨的方式对待和误解伊壁鸠鲁哲学："黑格尔对于他主要地称之为思辨的东西的观点，也妨碍了这位伟大的思想家认识上述那些体系（指伊壁鸠鲁、斯多葛和怀疑论这三派哲学——引者）对于希腊哲学史和整个希腊精神的重大意义。这些体系是理解希腊哲学的真正历史的钥匙。"[2] 由此可见，在对待黑格尔和伊壁鸠鲁的态度上，青年马克思最初的哲学研究就已经决定性地超出了前人和同时代人抽象的、思辨的和纯理论的兴趣，青年马克思立志要寻求和确定一种不同于前人的新世界观和方法论来回答怎样解释和改变世界的问题。

在马克思走向唯物主义的道路上，我们一般高估了费尔巴哈的影响。实际上，费尔巴哈对马克思产生真正影响的，从来就不是唯物主义，至多是宗教批判。而最早真正对马克思的唯物主义思想产生影响的，正是伊壁鸠鲁的原子论——原子偏斜运动——一种"能动的唯物主义"。在正式接触费尔巴哈前，青年马克思早已深入唯物主义的源头——德谟克利特和伊壁鸠鲁的自然哲学，把伊壁鸠鲁哲学看作古代最完美的唯

1　参见《马克思恩格斯全集》第 40 卷，人民出版社 1982 年版，第 651、652 页。

2　《马克思恩格斯全集》第 40 卷，人民出版社 1982 年版，第 189 页。

物主义体系。"伊壁鸠鲁把原子概念中本质与存在的
矛盾客观化了,因而提供了原子论科学,而在德谟克
利特那里,原则本身却没有得到实现,只是坚持了物
质的一面,并提出了一些经验所需要的假设。"[1]在
走向唯物主义的方向上,马克思不认同德谟克利特而
认同伊壁鸠鲁,不是因为前者不是唯物主义,而是因
为前者的唯物主义缺乏"能动的原则"。正因如此,
在对待伊壁鸠鲁原子论的问题上,马克思得出了与黑
格尔不同的结论:"如果根据黑格尔的意见,以客观
成就作为评价的标准时,伊壁鸠鲁的自然哲学不值得
特别称赞的话,——那么从另一方面,即从历史现象
不需要这种称赞这方面来看,那种毫不掩盖的、纯哲
学的彻底性是令人惊讶的,因为随着这种彻底性,原
则本身中所固有的不彻底性却全面发展起来了。"[2]
在青年马克思这里,他既借助于黑格尔发现了一个新
的伊壁鸠鲁,也借助于伊壁鸠鲁重新改造了黑格尔:
"一个本身自由的理论精神变成实践的力量,并且作
为一种意志走出阿门塞斯的阴影王国,转而面向那存
在于理论精神之外的世俗的现实"[3]。在此意义上,
确实可以说青年马克思因关注现实而通向唯物主义的
"入口",不是哲学史上公认的具有权威性的德谟克

---

1 《马克思恩格斯全集》第40卷,人民出版社1982年版,第223页。
2 《马克思恩格斯全集》第40卷,人民出版社1982年版,第
   147—148页。
3 《马克思恩格斯全集》第40卷,人民出版社1982年版,第258页。

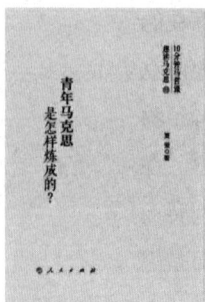

夏莹：《青年马克思是怎样炼成的？》，人民出版社2018年版

利特，而是不被重视且充满争议的伊壁鸠鲁。青年马克思在伊壁鸠鲁的"原子偏斜运动"中——"如果原子不是经常发生偏斜，就不会有原子的冲击，原子的碰撞，因而世界永远也不会创造出来"[1]，第一次认识到唯物主义与现实的关系，以及唯物主义与自身的运动相结合。"马克思从伊壁鸠鲁的这个入口进入唯物主义才是真正地成就一个唯物主义者的康庄大道"[2]。对此，梅林曾深刻指出："马克思比伊壁鸠鲁本人更深入地思考了伊壁鸠鲁的基本原理，并且从中得出了更明确的结论"[3]——唯物主义的结论。所以，国外有学者认为青年马克思"还没有认识到伊壁鸠鲁唯物主义的意义"[4]，是难以令人信服的。

实际上，青年马克思不但充分认识到了伊壁鸠鲁唯物主义的意义，而且正是借助于伊壁鸠鲁的"能动的唯物主义"，青年马克思既超越了德谟克利特的"机械的唯物主义"，也超越了在自我意识哲学的信徒——青年黑格尔派当中已经存在的"主观唯心主义"。也

1　《马克思恩格斯全集》第1卷，人民出版社1995年版，第36页。

2　夏莹：《青年马克思是怎样炼成的？》，人民出版社2018年版，第35页。

3　［德］弗·梅林：《马克思传》，樊集译，人民出版社1972年版，第42页。

4　沈真编：《马克思恩格斯早期哲学思想研究》，中国社会科学出版社1982年版，第247页。

正因如此，马克思在转向政治经济学研究之后，才更加决定性地超越了包括费尔巴哈在内的"从前的一切唯物主义"和"抽象的唯心主义"，并在政治经济学研究中，特别是在《资本论》的写作过程中，能够充分而灵活地运用唯物主义——创立了唯物史观。对此，列宁的论断是贴切而深刻的："自从《资本论》问世以来，唯物主义历史观已经不是假设，而是科学地证明了的原理。"[1]

列宁（黑白木刻版画，诺斯克夫作）

从伊壁鸠鲁的原子论这里，马克思一方面洞察和借鉴了他的"能动的唯物主义"，另一方面也洞察和发挥了他的"辩证的现象学方法"——原子现象学。在貌似与德谟克利特相同的原子论中，伊壁鸠鲁实际上是有"作为现象的原子"和"作为本质的原子"之区分的。也就是说，在德谟克利特那里，原子只有"一重"规定——作为"物质性"的原子，而在伊壁鸠鲁这里变成了"双重"规定——物质性和形式性："如果说伊壁鸠鲁以原子的直线运动表述了原子的物质性的话，那么他以原子偏离直线的运动实现了原子的形式规定。"[2]在马克思看来，正是这一"原子偏离直

1　《列宁专题文集：论辩证唯物主义和历史唯物主义》，人民出版社 2009 年版，第 163 页。
2　《马克思恩格斯全集》第 40 卷，人民出版社 1982 年版，第 212—213 页。

线的运动"现象所表达的"形式规定"，才是伊壁鸠鲁原子论真正不同于和高于德谟克利特原子论的革命性发现。而这一伟大发现，也只有作为"首先是一个革命家"的马克思才能发现："在德谟克利特看来，原子仅仅具有一种'元素'，一种物质基质的意义。把作为'始原'的原子和作为原理和基础的'元素'区别开来，这是伊壁鸠鲁的贡献。"[1]也就是说，在伊壁鸠鲁这里，区别于作为物质基质——质料的原子的"形式规定"，本来是作为"原子运动"的"现象"——副产品而出现的，反过来却成了作为更关键、更根本的原理和基础的"元素"而存在。而二者在伊壁鸠鲁这里又是内在统一的："在原子的排斥中，表现在直线下坠中的原子的物质性和表现在偏斜中的原子的形式规定，都综合地结合起来了。"[2]这说明伊壁鸠鲁的原子偏斜运动具有辩证因素，它体现了事物自我运动的辩证原则。在此意义上，马克思揭示和比较了德谟克利特与伊壁鸠鲁各自原子运动的"现象"和"本质"，论证了伊壁鸠鲁"原子脱离直线而偏斜"的伟大之处，这实际上就是一种"辩证的现象学方法"的初次运用。

　　这一"辩证的现象学方法"，正是马克思在《博

1　《马克思恩格斯全集》第 40 卷，人民出版社 1982 年版，第 227—228 页。

2　《马克思恩格斯全集》第 40 卷，人民出版社 1982 年版，第 217 页。

士论文》中从比较和分析德谟克利特与伊壁鸠鲁的原子论所获得的除"能动的唯物主义"之外的又一重要发现："原子的概念中所包含的存在与本质、物质与形式之间的矛盾，表现在单个的原子本身内，因为单个的原子具有了质，由于质，原子就和它的概念相背离，但同时又在它自己的结构中获得完成。于是从具有了质的原子的排斥以及与排斥相联系的凝聚里，就产生出现象世界。在这种从本质世界到现象世界的过渡里，原子概念中的矛盾显然达到自己的最尖锐的实现。因为原子按照它的概念是自然界的绝对的、本质的形式。这个绝对的形式现在降低为现象世界的绝对的物质、无定形的基质了。"[1]在马克思看来，原子总是以组成具体事物的形态存在着，进入生动丰富现象界的万事万物才是原子的具体存在，是原子存在的高级形态，而个人、哲人、神则是原子存在的最高形态。"若就原子的纯粹概念来思维原子，则它的存在就是空虚的空间，被毁灭了的自然；若就原子的进入现实界而言，它就下降到物质的基础，这个物质基础，作为充满多种多样关系的世界的负荷者，永远只以存在于对它漠不相干的和外在的形式中。"[2]因此，把握原子存在的具体的高级的形态才能把握原子抽象的

---

1 《马克思恩格斯全集》第40卷，人民出版社1982年版，第228页。
2 《马克思恩格斯全集》第40卷，人民出版社1982年版，第228页。

低级的存在，把握原子的本质存在才能把握原子的非本质存在而不是相反。这也是马克思毕生的一个根本的理论观点和研究方法 [1]——辩证的现象学方法。而这一现象学的方法，更是直接延伸和运用到了马克思后来的政治经济学研究中，特别是其《资本论》的写作中。在马克思看来，旧唯物主义者从来没有深入原子的不同层次和表现来说明"物"，更看不到在"物"的背后所掩盖的人与人之间关系的本质何在。在此意义上，《资本论》从研究普通的、生活常见而尽人皆知但又无人真正重视和说明的"商品"——资本主义生产方式占统治地位的社会的财富表现为庞大的商品堆积——开始，实际上正是源于写作《博士论文》时所获得的对"原子"本质与现象关系的深刻透视。

在一定意义上，正是借助于伊壁鸠鲁的原子具有物质性和形式性的双重规定，马克思才发现了资本的双重规定：资本作为"有灵性的怪物"，是既有"躯体"又有"灵魂"的，所以我们不仅要考察资本的"躯体"（内容），还要考察资本的"灵魂"（形式）。为此，马克思强调必须"超越物理学的界限"，才能去接触

1　参见张广照《马克思〈博士论文〉研究读本》，中央编译出版社 2017 年版，第 102 页。

那只"下金蛋的母鸡"[1]——资本。所谓"超越物理学的界限",实际上就是跳出对资本的物质化和实体化理解,而从资本的形式方面去理解,实现对资本本质的现象学透视。对此,马克思曾经十分形象地指出:不论我们是以棉花代替羊毛也好,是以米代替小麦也好,是以轮船代替铁路也好,只要棉花、米和轮船——资本的"躯体"——同原先体现资本的羊毛、小麦和铁路具有同样的交换价值,那么资本依然还是资本。资本的"躯体"可以经常改变,但不会使资本有丝毫改变。[2]在此意义上,资本之为资本,不在于其"躯体"不同,而在于其"形式规定"。马克思不同于和高于之前及同时代的经济学家和哲学家之处就在于,他透过资本的不同的"躯体"——资本之表象,把握到了资本的"形式规定"——资本之本质。为此,马克思批评经济学家们"只是看到了资本的物质,而忽视了使资本成为资本的形式规定",由此导致"资本存在于一切社会形式中,成了某种完全非历史的东西"。[3]

可以说,正是借助于现象学的方法,马克思成功区分了自己与古典政治经济学家所理解的"资本"的不同。作为"政治经济学批判"的《资本论》,运用

1　参见[秘鲁]赫尔南多·德·索托《资本的秘密》,王晓冬译,江苏人民出版社2005年版,第10页。

2　《马克思恩格斯文集》第1卷,人民出版社2009年版,第725页。

3　《马克思恩格斯全集》第30卷,人民出版社1995年版,第213页。

弗兰茨·梅林（1846—1919），德国记者、政治家、历史学家和文学批评家，最早的马克思主义史学家，19世纪80年代中期逐步接受了马克思主义理论，著有《德国社会民主党史》等，其撰写的《马克思传》影响很大

［德］弗·梅林：《马克思传》，樊集译，人民出版社1972年版

现象学方法历史唯物主义地剥离资本的"现象"（假象）而呈现其真正本质，《资本论》实现了对资本本质的"现象学洞识"，是资本现象学的成功实践。借助资本现象学，《资本论》得以"把现代社会关系的全部领域看得明白而清楚"[1]——使"隐形者显形"（德里达语）。在此本质而重要的方法论意义上，梅林的评判是深刻的：马克思能够熟练地运用那种为黑格尔所特有而在他的学生们那里早已失去了活力的辩证法——现象学的方法。只不过马克思将"原子现象学"和"精神现

1　《马克思恩格斯选集》第2卷，人民出版社2012年版，第70页。

象学"改造为了"资本现象学"。在此意义上，我们确实可以说不是马克思的《博士论文》，而是马克思的《资本论》"成了这位黑格尔的学生授给自己的毕业证书"[1]。

1　［德］弗·梅林:《马克思传》，樊集译，人民出版社1972年版，第42页。

六、今天如何阅读《博士论文》

《博士论文》作为马克思第一部比较系统完整的哲学著作，它既是马克思不同于黑格尔和青年黑格尔派"解释世界"的"改变世界"之哲学观的"天才萌芽"，也是马克思借鉴伊壁鸠鲁超越黑格尔辩证法而创建自己的辩证法的第一次"尝试"，还是马克思追求人之自由解放"政治图景"的第一次呈现。《博士论文》就是马克思哲学革命的古希腊"突破口"和"新哲学"的发端，也即马克思哲学的真正"诞生地"和"秘密"。

1. 作为"哲学观"的《博士论文》

在一定意义上，马克思的《博士论文》是一本哲学史著作，或者更确切地说，是一本关于哲学史的"导论"。马克思希望自己的作为哲学史"导论"的《博士论文》，能够唤起人们对古希腊哲学特别是亚里士多德之后的古希腊晚期哲学的重视和重新发现。青年马克思之所以关注和重视亚里士多德之后的古希腊晚期哲学，特别是伊壁鸠鲁的哲学，实际上还在于马克思与青年黑格尔派一样，反对将柏拉图哲学与基督教结盟的传统哲学观——政治神学。在此意义上，《博士论文》也是青年马克思反抗政治神学、追求精神自由的哲学观的一次公开亮相。所以，"尽管马克思的论文论述的是古代哲学，但他对当前哲学之需要的意识已经使这篇论文非常振奋人心了"[1]。

在为写作博士论文所准备的材料中，马克思批判地对待和揭示了柏拉图绝对而超验哲学的秘密：

> 柏拉图对绝对的东西采用了实证的解释，而这种解释的基本的，从自身中产生出来的形式则是神话和寓言。凡是在绝对的东西占据着一方，被分隔开来的实证的现实占据着另一方，而同时实证的东西又必须保留下来的地方，在这样的地方，实证的现实就成为一种介质，绝对之光透过介质，在神奇的五光十色中折射，有限的实证的东西表示出一种与本身不同的别的东西；在有限的、实证的东西本身中有灵魂，对灵魂说来，这种蛹化是神奇的；整个世界变成神话世界。每个形象都是谜。由于

---

1 ［美］沃伦·布雷克曼：《废黜自我：马克思、青年黑格尔派及激进社会理论的起源》，李佃来译，北京师范大学出版社 2013 年版，第 286 页。

(上图)柏拉图（前427—前347），古希腊伟大的哲学家。柏拉图和老师苏格拉底、学生亚里士多德并称为"希腊三贤"。主要著作有《理想国》《斐多篇》《会饮篇》《智者篇》等（下图）［古希腊］柏拉图：《理想国》，商务印书馆1986年版

受类似的规律所制约，这种现象在近代还一再发生。[1]

在"柏拉图对绝对的东西采用了实证的解释"这里，马克思觉察到了"超验的东西的哲学"的根源：这个阐释向马克思描绘了柏拉图哲学与"这种对绝对的东西作实证的解释和它的神话寓言外衣是超验东西的哲学的源泉，是它的心跳，——在这种超验的东西里面同时显示出与内在的东西的本质关系，因为它在本质上突破后者。当然，这里也显示出柏拉图哲学与一切实证的宗教，特别是与基督教——超验的东西的完美哲学——的血缘关系"[2]。

由此马克思认为，这种朝向非理性实证性的冲动是柏拉图主义与基督教教义间相似性的更深刻的真理。在理性观念不足以弥补思想与存在的缺口时，柏拉图主义和基督教教义都将它们的原则投入了超验范围从而将普遍存在置于不可挽回之地。因而，马克思写《博士论文》的一个重要目的，就是突破和超越柏拉图哲学与基督教教义的结盟，开辟一条新的哲学道路。在这条新哲学道路的入口，马克思找到了伊壁鸠鲁："对于伊壁鸠鲁宇宙观的方法来说，具有代表性

1　《马克思恩格斯全集》第40卷，人民出版社1982年版，第144页。
2　《马克思恩格斯全集》第40卷，人民出版社1982年版，第144页。

的是创造世界的问题，——这是一个永远可以用来搞清哲学观点的问题，因为它表明，在这种哲学中精神是如何创造世界的，这种哲学与世界的关系是怎样的，哲学的精神即创造潜力是怎样的。"[1]

通过对古希腊哲学史上两位自然哲学家思想的解读，可以说马克思的《博士论文》是修正式的，他试图发展一套不同于传统的对德谟克利特和伊壁鸠鲁自然哲学的新解释，并推翻长期以来建立的学术观点。我们可以把《博士论文》看作青年马克思宣告与一种新的哲学传统联系在一起的尝试。"这种哲学传统要求，精神既不残留有对现存事实的服从，也不信奉精神不考虑现存事实而随意地从自身发现规范标准的绝对权威，精神应该创造它自身的自由，这种自由是一种用以影响世界的工具。"[2]这实际上意味着马克思"改变世界"的新哲学观的初步萌芽。

黑格尔的思辨哲学主张，"我们应当'在精神内并在真理内'认识上帝。上帝就是那普遍的、绝对的、本质的精神"[3]。而在马克思看来，伊壁鸠鲁的原子论代表了哲学上的进步潮流，因为他的原子自给自足原则将原子不仅从固有观念中，而且从第一推动力或

1　《马克思恩格斯全集》第40卷，人民出版社1982年版，第53页。
2　［波兰］莱泽克·科拉科夫斯基：《马克思主义的主要流派》第一卷，唐少杰等译，黑龙江大学出版社2015年版，第103页。
3　［德］黑格尔：《哲学史讲演录》第1卷，贺麟、王太庆译，商务印书馆1996年版，第72页。

初始造物主这种更原始的本体论哲学中解放出来。这样一来，伊壁鸠鲁便将形而上学与伦理学从神学中解放出来。这也是马克思最看重伊壁鸠鲁的地方，甚至称其为"最伟大的希腊启蒙思想家"。因此，马克思在对伊壁鸠鲁原子自由运动的正面论述中，免去了对存在进行神学阐释的必要。[1] 这已完全不同于和超越了黑格尔及青年黑格尔派哲学的思辨格局，而这正是马克思《博士论文》哲学观变革的核心所在。但在伊壁鸠鲁的哲学中，圣贤的理想和幸福的希望植根于切断与世界的联系这一愿望之中，而这正是青年马克思所竭力反对的。"伊壁鸠鲁哲学的原理不是阿尔谢斯特拉图斯的美食学，象克里齐普斯所臆想的那样，而是自我意识的绝对性和自由，尽管这个自我意识只是在个别性的形式上来理解的。"[2] 马克思将伊壁鸠鲁的原子的自由看成是逃避现实。马克思反对的不是精神的自由信念，他反对的是自由能够抛开世界而获得的观点，也即反对认为精神自由的关键是独立而不是创造的观点："那一味喜欢为自己操心，而不用自己的力量去建设整个世界，做世界的缔造者的人，正受到精神的诅咒，被开除教籍，不过这是从相反的意义

1　参见［美］沃伦·布雷克曼《废黜自我：马克思、青年黑格尔派及激进社会理论的起源》，李佃来译，北京师范大学出版社 2013 年版，第 289 页。

2　《马克思恩格斯全集》第 40 卷，人民出版社 1982 年版，第 241 页。

上说的；他被赶出教堂并且失去了永恒的精神快乐，于是也不得不以想象中的个人幸福来哄骗自己，夜里梦见自己。"[1] 在这里，我们不难看到，马克思后来所主张的"在批判旧世界中发现新世界"的"改变世界"的"新哲学观"已经呼之欲出了。

表面上看，《德谟克利特的自然哲学和伊壁鸠鲁的自然哲学的差别》中，直接出场的是古希腊的两位哲学家——德谟克利特和伊壁鸠鲁，但背后却是黑格尔和康德两位哲学家。所以国外有论者认为，马克思的《博士论文》囊括了两个相互冲突的科学观念，冲突的战线就划在黑格尔的"逻辑科学"（使辩证矛盾生效）与康德的自然科学观念（建基于超验哲学）之间。在此意义上，《博士论文》就如同马克思创作的一部戏剧，只不过两位德国哲学家都戴上了古代原子论的面具。[2] 实际上，我们更可以把德谟克利特视为老年黑格尔派的对应物，而伊壁鸠鲁则代表了青年黑格尔派——19世纪的哲学争论在马克思解释古希腊原子论的《博士论文》中打响了。在马克思关于古希腊哲学的研究中，他指出青年黑格尔派的大

罗晓颖：《马克思与伊壁鸠鲁——马克思〈关于伊壁鸠鲁哲学的笔记〉和〈博士论文〉研究》，华东师范大学出版社2010年版

1　《马克思恩格斯全集》第40卷，人民出版社1982年版，第112页。

2　参见罗晓颖《马克思与伊壁鸠鲁——马克思〈关于伊壁鸠鲁哲学的笔记〉和〈博士论文〉研究》，华东师范大学出版社2010年版，第53页。

部分成员没有正确理解黑格尔哲学——他指责这些黑格尔派成员的极度贫乏和无知，对黑格尔哲学持有一种幼稚的非批判态度和无原则的盲从，缺乏马克思自己在为黑格尔辩护时所持有的学术良心。[1]马克思借其《博士论文》评价了老年黑格尔派与青年黑格尔派之间分裂的实质和意义，在这种评判中，马克思始终秉持着普罗米修斯式的独立批判精神，进而为自己开创新的哲学道路。在实质性意义上，马克思的哲学新道路，早在自波恩大学转入柏林大学后就开始了。"先前我读过黑格尔哲学的一些片断，我不喜欢它那种离奇古怪的调子。我想再钻到大海里一次，不过有个明确的目的，这就是要证实精神本性也和肉体本性一样是必要的、具体的，并且具有同样的严格形式；我不想再练剑术，而只想把真正的珍珠拿到阳光中来。"[2]在此意义上，我们可以说《博士论文》就是马克思后来拿到阳光中的"珍珠"。而马克思拿到阳光中的"珍珠"中的"珍珠"，就是新哲学观的萌芽。

在《博士论文》中，已经体现了马克思与青年黑格尔派"批判哲学"形成对照的"实践哲学"的萌

[美]麦卡锡选编：《马克思与亚里士多德——十九世纪德国社会理论与古典的古代》，郝亿春等译，华东师范大学出版社2015年版

---

1 参见[美]麦卡锡选编《马克思与亚里士多德——十九世纪德国社会理论与古典的古代》，郝亿春等译，华东师范大学出版社2015年版，第217页。

2 《马克思恩格斯全集》第40卷，人民出版社1982年版，第15页。

芽。在此意义上，马克思的实践哲学与青年黑格尔派
的批判哲学具有关键的区别：在青年黑格尔派的批判
哲学中，自由精神以对世界的永恒否定而进入世界，
它是判断实际生活的标准规范，是关于现实应该是怎
样而不管其实际是怎样的一种陈述；批判哲学是毫不
动摇地位于世界之上的，它并不试图脱离世界，而是
试图影响它并打破它的稳定性，坚持它据此衡量现实
的标准并不来源于现实，而是来源于它自身。马克思
《博士论文》所表达的实践哲学则宣称，就哲学是纯
粹的批判而言，它是自我毁灭性的哲学，但只有当它
不再是纯粹的对世界的思考，而变成人的生活的一部
分时，它的批判任务才告完成；如果要使自我意识和
历史过程的同一成为一个真实的期望，自我意识就必
须来自历史本身的内在压力而不是来自外在的理性的
历史原则。[1] 因为在马克思看来，"如果把那只在抽
象的普遍性的形式下表现其自身的自我意识提升为绝
对原理，那么就会为迷信的和不自由的神秘主义大开
方便之门"[2]，这正是马克思所竭力反对的。

1　参见［波兰］莱泽克·科拉科夫斯基《马克思主义的主要流
　　派》第一卷，唐少杰等译，黑龙江大学出版社 2015 年版，第
　　107—108 页。
2　《马克思恩格斯全集》第 40 卷，人民出版社 1982 年版，第 242 页。

2. 作为"辩证法"的《博士论文》

Das Kapital.

Kritik der politischen Oekonomie.

Von
Karl Marx.

Erster Band.
Buch I: Der Produktionsprocess des Kapitals.

Hamburg
Verlag von Otto Meissner.
1872.

马克思亲自修订的《资本论》第一卷德文第二版（1872），马克思在该版的"跋"中集中阐述了自己"批判的和革命的"辩证法

我们知道，在《资本论》第一卷第二版的跋中，马克思强调在辩证法问题上自己是黑格尔的学生，并且在《资本论》关于价值理论的一章中，有些地方甚至特意卖弄起黑格尔特有的表达方式。[1] 如果说《资本论》是马克思辩证法的一次最完美的展示，那么《博士论文》就是马克思辩证法的第一次"天才萌芽"。

早在柏林读大学时，青年马克思就曾模仿黑格尔的逻辑——辩证法，写过一部24印张的哲学习作——《克莱安泰斯，或论哲学的起点和必然的发展》。马克思解释说这部著作最后的命题原来是黑格尔体系的开端，它实际上是一部"新逻辑学"，因此，自己不自觉地被黑格尔的辩证法诱入了怀抱——"这部著作，这个在月光下抚养大的我的可爱的孩子，象欺诈的海妖一样，把我诱入敌人的怀抱"[2]。这一方面说明黑格尔的辩证法具有巨大的魔力，另一方面也说明马克思读大学时就喜欢黑格尔的辩证法。所以，在后来写作《博士论文》及为之做准备所摘录的笔记中，无不隐含着马克思运用和构建辩证法的"萌芽"。在《关

---

1 参见［德］马克思《资本论》第1卷，人民出版社2004年版，第22页。

2 《马克思恩格斯全集》第40卷，人民出版社1982年版，第15页。

于伊壁鸠鲁的哲学笔记》（笔记五）中，青年马克思就"模仿"黑格尔的思辨辩证法写道：

> 死和爱是否定的辩证法的神话，因为辩证法是内在的纯朴之光，是爱的慧眼，是不因肉体的物质的分离而告破灭的内在灵魂，是精神的珍藏之所。于是关于辩证法的神话就是爱；但辩证法又是急流，它冲毁各种事物及其界限，冲垮各种独立的形态，将万物淹没在唯一的永恒之海中。于是关于辩证法的神话就是死。[1]

在这里，青年马克思对辩证法的理解和阐释，在一定程度上表明了黑格尔辩证法的两个基本方面：一方面是使对立面调和、中立化，另一方面是矛盾和否定。在实质性意义上，青年黑格尔派看重的是黑格尔辩证法的第一个方面——调和，而青年马克思最看重的是黑格尔辩证法的第二个方面——否定。马克思正是从否定出发，既批判了青年黑格尔派最终的调和思想，也论证了革命暴风雨的不可避免和良好作用——哲学不是教条式地预料未来，而是对现存的一切进行无情的批判——在批判旧世界中发现新世界。

青年马克思从最初喜欢康德和费希特，逐渐转向

1　《马克思恩格斯全集》第 40 卷，人民出版社 1982 年版，第 144—145 页。

［奥地利］马克斯·比尔：《马克思传：替时代背书的人》，王铮译，黑龙江教育出版社 2011 年版

喜欢黑格尔，恐怕与黑格尔是哲学史上真正的辩证法大师不无关系。在这一点上，马克思与青年黑格尔派是一致的。但在哲学与现实的关系问题上，青年黑格尔派只是把黑格尔的辩证法用于精神思辨的领域——主要是对宗教的批判，而丝毫不触及具体的现实；青年马克思则既不满意黑格尔的抽象思辨——使现实服从于理论，也不满意青年黑格尔派的"震撼世界的词句"——理论无法触及现实，最终批判和超越了黑格尔及其徒子徒孙——世界的发展不是由主观精神和抽象的自我意识决定的，而是由世界的内在辩证法决定的。在此意义上，我们确实可以说："没有任何一位青年黑格尔派学者运用辩证法将这位哲学大师（指黑格尔——引者）的理论推向更高的阶段，然而卡尔·马克思，这位最年轻的黑格尔派哲学家却做到了"[1]。

按照黑格尔的观点，辩证法——思辨的思维的特点在于，它在与其相对立的现实中寻找和发现"自己"——作为万物的客观本质的思维或理性。在黑格尔这里，思维不仅是主体（思维者），也是客体（被思维者），所以黑格尔对于辩证法的理解是从存在和思维同一的原理出发的。但这一"同一"是在概念和

1　［奥地利］马克斯·比尔：《马克思传：替时代背书的人》，王铮译，黑龙江教育出版社 2011 年版，第 21 页。

思维领域的同一，黑格尔最终使思维故步自封了，因
而贬低了感性经验的作用和实践作为人对外部的、不
依赖于思维的世界的自觉影响的作用。在此意义上，
青年黑格尔派虽然满口喊着震撼世界的词句，但实际
上犯了与黑格尔同样的错误。与黑格尔及青年黑格尔
派不同，马克思在自己的《博士论文》中论证了哲学
合乎规律地变为实践活动的原理，从而批判和否定了
哲学仅仅研究思维这个思辨的论点。在马克思看来，
现实本身不是合理的，只有人的理性、自我意识才能
把存在的东西改造为合理的、符合人的需要的东西。
因此，哲学不能因为理解了现实就自我安慰和自我满
足，而应合理地改造现实。这与马克思后来在《关于
费尔巴哈的提纲》中强调的"哲学家们只是用不同的

1983 年，民主德国发行了一枚 20 马克的铜镍币来纪念马克思逝世
100 周年，国徽和面值之间是马克思的名言"哲学家们只是用不同的
方式解释世界，而问题在于改变世界"，这句话后来成为柏林大学的
校训

方式**解释**世界，而问题在于**改变**世界"[1]一脉相承。由此可见，马克思的辩证法在其发展的最高阶段上，无论如何总是根本反对思辨的，并成为自觉地改变世界的动力和武器。

由以上青年马克思关于意识和存在的相互关系的观点可以看出，他对黑格尔辩证法实质的理解，远比青年黑格尔派深刻——哲学不依赖于人们的日常实践生活只是一种假象。马克思反对把自我意识和现实形而上学地对立起来，并试图揭示现实本身的矛盾性。[2]马克思试图以新的方式提出哲学和现实的关系问题，他放弃了青年黑格尔派所固有的认为哲学无需向实践学习的片面观点，认为问题不只在于把哲学运用于实践，使实践改造服从于哲学家所创立的思想，还强调只有面向实践，哲学才能克服它自己的缺点。在此意义上，马克思后来在《〈黑格尔法哲学批判〉导言》中又明确指出，光是思想力求成为现实是不够的，现实本身应当力求趋向思想。[3]不过，此时的马克思，还使现实依赖于哲学，试图在哲学和现实世界无限的矛盾发展的意义上运用黑格尔的客观唯心主义辩证

1　《马克思恩格斯选集》第1卷,人民出版社2012年版,第140页。
2　参见［苏联］捷·伊·奥伊则尔曼《马克思主义哲学的形成》,潘培新等译,生活·读书·新知三联书店1964年版,第62页。
3　参见《马克思恩格斯选集》第1卷,人民出版社2012年版,第11页。

法，并以此来阐述社会发展的一般规律性。[1] 所以说，青年马克思虽然富有改变世界的激情并拥有把握理论与现实关系的辩证法，但总体上还没有彻底跳出黑格尔思辨唯心主义的魔力圈——"哲学的实践本身是理论的"[2]。

因此，在马克思这里，哲学与现实的实践关系就不仅是物质过程，也是精神、理智的过程，哲学的反思就表现为一种对现实的批判。由此可见，哲学和人们日常生活之间的冲突，就是人们的意识和他们的实际存在之间的矛盾，哲学不仅应该批判地对待外部世界，也应该批判地对待自己——自我批判。在《博士论文》中，马克思高于青年黑格尔派而说明了哲学的自我意识发展的矛盾性质以及这种发展的后果："那个起初是哲学与世界的一种颠倒关系和敌对的分裂的东西，后来就成为个别哲学自我意识本身中的一种分裂，而最后便表现为哲学的一种外部分裂和二重化，表现为两个对立的哲学派别"[3]，即自由派和实证派。在这里，充分表现出了青年马克思对黑格尔之后德国哲学现状的深刻把握以及对黑格尔辩证法的灵活运用。

1　参见沈真编《马克思恩格斯早期哲学思想研究》，中国社会科学出版社 1982 年版，第 264 页。

2　《马克思恩格斯全集》第 40 卷，人民出版社 1982 年版，第 258 页。

3　《马克思恩格斯全集》第 40 卷，人民出版社 1982 年版，第 260 页。

（上图）弗里德里希·恩格斯（1820—1895），德国思想家、哲学家、革命家、全世界无产阶级和劳动人民的伟大导师和领袖，马克思主义创始人之一，马克思终生的朋友，被马克思称为"第二个我"。主要著作有《自然辩证法》《家庭、私有制和国家的起源》《反杜林论》《路德维希·费尔巴哈和德国古典哲学的终结》等

（下图）［德］恩格斯:《路德维希·费尔巴哈和德国古典哲学的终结》，人民出版社 2018 年版

关于马克思《博士论文》所体现的辩证法，俄国文学家和翻译家阿·沃登记录了1893年在伦敦与恩格斯的一次谈话中恩格斯的看法："根据这篇关于德谟克利特和伊壁鸠鲁之间的差别的学位论文，我们就可以说，马克思在他创作的初期就已经精通黑格尔的辩证法了，不过他在研究过程中还没有迫切感到要用唯物主义辩证法来代替黑格尔的辩证法；但就在那时，他在运用黑格尔辩证法方面，而且就在黑格尔学说中最强有力的方面，即思维的历史方面已经脱离黑格尔而完全独立自主了。黑格尔并没有改造伊壁鸠鲁体系的内在辩证法，而是轻蔑地批评了这个体系。马克思改造了伊壁鸠鲁体系的内在辩证法，但也没有把它理想化，他认为，和亚里士多德体系相比，它的内容是空洞贫乏的。"[1] 同时，恩格斯还详细地解释了"为什么马克思和拉萨尔在这方面迥然不同，因为前者立刻显示出脱离黑格尔而独立自主的精神，后者则尚未摆脱与黑格尔的师徒关系"[2]。

所以说，在《博士论文》中，马克思看到——尽管是戴着黑格尔辩证法的眼镜——和指出了伊壁鸠鲁

1　《回忆恩格斯》，人民出版社 2005 年版，第 124 页。

2　《回忆恩格斯》，人民出版社 2005 年版，第 124 页。

哲学体系，尤其是伊壁鸠鲁的"原子的自发
偏斜"学说的辩证因素，他认为伊壁鸠鲁哲
学实质上提出了自我运动的辩证原则。在此
意义上，马克思甚至把伊壁鸠鲁"从肉体的
快乐到精神的快乐"的特殊过渡称为"伊壁
鸠鲁的快乐辩证法"。[1] 而马克思对这一辩证
原则的阐释和把握，实际上又不自觉地展示了马克思
自己对辩证法的理解和运用——虽然还带有黑格尔辩
证法的影子。在此意义上，梅林的论断是根本而深刻
的："马克思的博士论文成了这位黑格尔的学生授给
自己的毕业证书；他熟练地运用着辩证法，他的语言
表现出那种为黑格尔所特有而他的学生们早已失去了
的活力。"[2] 在这里，我们可以引申一下梅林的观点：
不是黑格尔的辩证法成就了马克思，而是马克思成就
了黑格尔的辩证法。

中共中央马克思、
恩格斯、列宁、斯
大林著作编译局编：
《回忆恩格斯》，人
民出版社 2005 年版

3. 作为"政治宣言"的《博士论文》

阿尔都塞在谈到青年马克思时，曾明确指出：
"关于马克思青年时期著作的辩论，首先是一场政治

1　参见《马克思恩格斯全集》第40卷，人民出版社1982年版，
　　第73—74页。
2　[德]弗·梅林：《马克思传》，樊集译，人民出版社1972年版，
　　第42页。

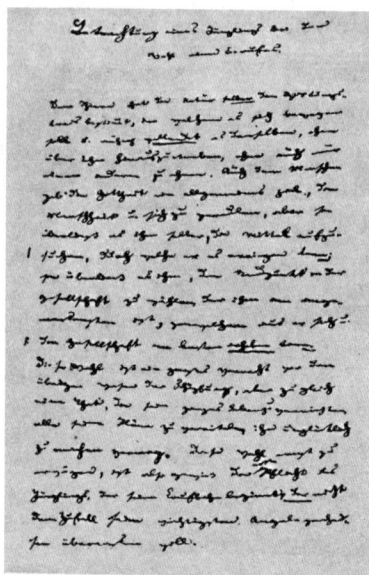

《青年在选择职业
时的考虑》第一页
手稿

辩论。"[1]这说明马克思自青年时期就是关注"政治"的。实际上，早在中学毕业时写的作文《青年在选择职业时的考虑》中，少年马克思就充分表达了为人类幸福而斗争的强烈"政治"愿望：

> 如果一个人只为自己劳动，他也许能够成为著名学者、大哲人、卓越诗人，然而他永远不能成为完美无疵的伟大人物。

历史承认那些为共同目标劳动因而自己变得高尚的人是伟大人物；经验赞美那些为大多数人带来幸福的人是最幸福的人……

如果我们选择了最能为人类福利而劳动的职业，那么，重担就不能把我们压倒，因为这是为大家而献身；那时我们所感到的就不是可怜的、有限的、自私的乐趣，我们的幸福将属于千百万人，我们的事业将默默地、但是永恒发挥作用地存在下

1　［法］阿尔都塞：《保卫马克思》，顾良译，商务印书馆2010年版，第35页。

去，而面对我们的骨灰，高尚的人们将洒下热泪。[1]

如果说，写中学作文时的马克思对人类自由和幸福的追求还处于一种理想化状态，那么，写《博士论文》时的马克思对人类自由和幸福的追求就已经是一种理性分析了。

按照马克思自己原来的写作计划，《博士论文》只是其关于伊壁鸠鲁主义、斯多葛主义和怀疑主义这古希腊晚期哲学三大派别更大著作的"导论"。然而，诚如马克思自己后来为拟出版《博士论文》写的"新序言"草稿所表明的："鉴于我正在从事完全不同性质的政治和哲学方面的研究，目前我不能指望完成这一著作。"[2] 从马克思自己写的这个简短序言中，我们既看到马克思为什么没能续写这一"综述伊壁鸠鲁、斯多葛派和怀疑派哲学的著作"，也捕捉到马克思获得博士学位之后的兴趣点已不再是古希腊哲学史，而转向了"完全不同性质的政治和哲学方面的研究"。其实，早在马克思把为出版《博士论文》而写的序言给鲍威尔看过后，鲍威尔就回信（1841 年 4 月 12 日）建议马克思不要过于张扬自己的政治倾向："现在无论如何不可把埃斯库罗斯的那些诗句写进你的博士

1　《马克思恩格斯全集》第 40 卷，人民出版社 1982 年版，第 7 页。
2　《马克思恩格斯全集》第 40 卷，人民出版社 1982 年版，第 286 页。

《马克思家书集》，
人民出版社1985年版

论文，总之哲学发展之外的东西决不要写进去"[1]，也就是说，使《博士论文》表面上更学术化而远离政治。实际上，对于青年马克思开始积极参与和评论政治事务，他最亲爱的恋人燕妮同样是担心的："亲爱的，亲爱的！如今你甚至都卷到政治里去了。这是最危险的，小卡尔，你时刻要考虑到：你家里有一个爱人，她正期待着你，惦念着你，她与你休戚相关。"[2]但事实上，青年马克思从读大学到加入"博士俱乐部"再到写《博士论文》，都主张哲学走出精神世界去改造政治世界。所以，"关心政治"一直是一条隐藏的红线，而这条红线一直延伸至《资本论》并贯穿马克思的一生。

　　1843年，马克思在写给卢格的信中又明确强调："费尔巴哈的警句只有一点不能使我满意，这就是：他过多地强调自然而过少地强调政治。然而这一联盟是现代哲学能够借以成为真理的唯一联盟。"[3]对于青年马克思当时的这一深刻洞见，四十多年后恩格斯在总结费尔巴哈与德国古典哲学时，也有过鲜明的回应："政治对费尔巴哈是一个不可通过的区域"[4]。

1　《马列著作编译资料》第12辑，人民出版社1980年版，第117页。
2　《马克思家书集》，人民出版社1985年版，第89页。
3　《马克思恩格斯全集》第27卷，人民出版社1972年版，第442—443页。
4　《马克思恩格斯选集》第4卷，人民出版社2012年版，第243页。

可以说，此时的马克思经过《莱茵报》工作的洗礼，确实更加关心政治。后来在写作《政治经济学批判》期间，马克思还在写给拉萨尔的信中强调："［较晚的］哲学家——伊壁鸠鲁（尤其是他）、斯多葛派和怀疑论者，［我］曾专门研究过，但与其说出于哲学的兴趣，不如说出于［政治的］兴趣。"[1]而在原序言中，马克思就借自己最崇拜的英雄普罗米修斯之口，鲜明表达了自己写作《博士论文》的政治宣言——"你好好听着，我绝不会用自己的痛苦去换取奴隶的服役：我宁肯被缚在崖石上，也不愿作宙斯的忠顺奴仆。"[2]可以说，马克思的《博士论文》就是一篇反抗宗教神学与封建制度的战斗檄文和革命宣言，它发挥着反宗教的政治作用，是马克思政治图景的第一次呈现——从"神学政治"走向"自由政治"。而马克思获得博士学位后从事的第一份工作——《莱茵报》编辑，则是他正式投入实际政治斗争的开始。

《博士论文》作为彻底的革命民主主义者的青年马克思之政治图景的第一次理论呈现，突出表现在青年马克思在面对哲学与现实——应有的东西与现有的东西之间的矛盾冲突问题时，采取的与青年黑格尔派绝不相同的斗争态度。在《关于伊壁鸠鲁哲学的笔记》

1　《马克思恩格斯全集》第29卷，人民出版社1972年版，第527页。
2　《马克思恩格斯全集》第40卷，人民出版社1982年版，第190页。

（笔记五）中，马克思在认识到"后黑格尔时代"哲学与现实的冲突之后，明确表示："与本身是一个整体的哲学相对立的世界，是一个支离破碎的世界。因而这个哲学的能动性也表现得支离破碎，自相矛盾；哲学的客观普遍性变成个别意识的主观形式，而哲学的生命就存在于这些主观形式之中。但是不应对这场继伟大的世界哲学之后出现的风暴，感到惊慌失措。普通竖琴在任何人手中都会响；而风神琴只有当暴风雨敲打琴弦时才会响。"[1] 在这里，与青年黑格尔派一味模仿老师黑格尔的暧昧模糊态度不同，青年马克思发出了坚决彻底的革命呼声。在青年马克思这里，"如果这个时代以伟大斗争为标志，那它是幸运的；如果这个时代象艺术史上跟在伟大的时代之后跛行的那些世纪那样，那它是可悲的，因为这些世纪只会从事仿造：用蜡、石膏和铜来仿造那些用卡拉拉大理石雕刻出来的东西，就象帕拉斯·雅典娜是从诸神之父宙斯的头颅中出来的一样"[2]。马克思所选择的，自然是伟大的斗争。

在《博士论文》序言中，马克思更是酣

雅典娜（古希腊神话中的智慧、战争、艺术女神）

1　《马克思恩格斯全集》第40卷，人民出版社1982年版，第136页。
2　《马克思恩格斯全集》第40卷，人民出版社1982年版，第137页。

畅淋漓而又有些固执地表达了自己的"哲学自白"和
革命情怀：

> 哲学，只要它还有一滴血在它那个要征服世界
> 的、绝对自由的心脏里跳动着，它就将永远用伊壁
> 鸠鲁的话向它的反对者宣称：
> "渎神的并不是那抛弃众人所崇拜的众神的
> 人，而是同意众人关于众神的意见的人。"
> 哲学并不隐瞒这一点。普罗米修斯承认道：
> 老实说，我痛恨所有的神。
> 这是哲学的自白，它自己的格言，借以表示它反对
> 一切天上的和地上的神，这些神不承认人的自我意
> 识具有最高的神性。不应该有任何神同人的自我意
> 识相并列。[1]

同时，《博士论文》作为马克思的"政治宣言"，
还通过马克思的战斗的无神论表达了出来。马克思认
为伊壁鸠鲁的原子自主性理论暗示了一种革命性行为
准则的自由理论，所以，其"论文贯穿了战斗的无神
论的精神，充满了对迷信的憎恨，反对企图把科学研
究束缚在宗教框子里使它服从宗教利益的一切反动的
哲学"[2]。《博士论文》有一个重要的附录——"批

1　《马克思恩格斯全集》第40卷，人民出版社1982年版，第
　　189—190页。
2　［苏联］彼·费多谢耶夫等：《卡尔·马克思》，孙家衡等译，
　　生活·读书·新知三联书店1980年版，第20页。

评普卢塔克对伊壁鸠鲁神学的论战"，在这里，马克思捍卫了伊壁鸠鲁无神论的崇高的智慧和道义精神，批评了普卢塔克肤浅的宗教观和道德哲学的空谈。普卢塔克把上帝看作幸福的源泉，宣扬崇拜神将会使人摆脱恐惧、悲伤和忧虑，使人获得快乐。马克思认为上帝是不存在的，对神的存在的证明不外是空洞的同义反复：

> 对神的存在的一切证明都是对神不存在的证明，都是对一切关于神的观念的驳斥。真正的证明必须倒过来说："因为自然安排得不好，所以神才存在。""因为无理性的世界存在，所以神才存在。""因为思想不存在，所以神才存在。"但这岂不是说：谁觉得世界是无理性的，因而谁本身也是无理性的，对他来说神就存在。换句话说，无理性就是神的存在。[1]

在这里，马克思充分表达了以人的自我意识的觉醒来反对和否定神之存在的彻底的无神论思想。对于主张神存在的观点，马克思还进行了非常形象的讽喻："要是你把纸币带到一个不知道纸币的这种用途的国家里去，那每个人都会嘲笑你的主观表象。要是你把你所信仰的神带到信仰另一些神的国家去，人们就会

---

[1] 《马克思恩格斯全集》第40卷，人民出版社1982年版，第285页。

向你证明，你是受到幻想和抽象概念的支配。这是公正的。"[1] 因此，在《博士论文》中，马克思深刻揭示和高度赞扬了伊壁鸠鲁无神论的原子偏斜和碰撞所蕴含的现实政治意蕴："我们还发现伊壁鸠鲁应用了排斥的一些更具体的形式。在政治领域里，那就是契约，在社会生活中，那就是友谊，友谊被称赞为最崇高的东西。"[2] 在后来的《德意志意识形态》中，马克思告诉施蒂纳，伊壁鸠鲁哲学的真正基础是社会正义，而国家建立在民众彼此的契约之上这一理念，是由伊壁鸠鲁首先倡导的。

马克思认为，伊壁鸠鲁是一位希腊神话的破坏者和揭示氏族公社解体原因的哲学家，伊壁鸠鲁的体系破坏了作为政治和宗教生活之基石的古代的可见的天国。可以说，马克思使自己与伊壁鸠鲁的无神论结成了联盟。[3] 所以，在实质而重要的意义上，确实可以说马克思钟情和研究伊壁鸠鲁是一种远离宗教并向政治问题靠拢的有效方式。

1　《马克思恩格斯全集》第40卷，人民出版社1982年版，第285页。

2　《马克思恩格斯全集》第40卷，人民出版社1982年版，第217—218页。

3　参见［波兰］莱泽克·科拉科夫斯基《马克思主义的主要流派》第一卷，唐少杰等译，黑龙江大学出版社2015年版，第105页。

结语 "马克思博士"是怎样炼成的

1841年4月15日，在马克思缺席的情况下，其为申请博士学位而提交的论文——《德谟克利特的自然哲学和伊壁鸠鲁的自然哲学的差别》在耶拿大学哲学系获得了全票通过，马克思被授予了哲学博士学位。哲学博士学位的获得，意味着马克思近六年的大学生活的结束，也意味着一位为人类解放事业而奋斗的"红色博士"的诞生。

1. 读了三所大学

表面上看，马克思是在缺席的情况下获得博士学位的，貌似很轻松。实际上，马克思为获得这一博士学位，付出了近六年的青春韶华，且推迟了与燕妮的婚期，还更换了三所大学。马克思一生与三所大学相关：直接就读了两所，申请学位一所。第一所大学是波恩大学，只读了一年。波恩大学离他的家乡特利尔较近，但由于马克思在波恩大学就读的一年，可以说

波恩大学（马克思 1835 年 10 月—1836 年 8 月在此就读）

是一个"问题青年"，所以一年后，他的父亲就把他转到了第二所大学——柏林大学就读。柏林大学离他的家乡很远。在柏林大学，马克思作为一个"自由的魔怪"，演绎和谱写了独特的、荡气回肠而又曲折浪漫的读书和爱情传奇。第三所大学是耶拿大学，马克思从柏林大学毕业后在耶拿大学成功申请到了哲学博士学位。

1835 年 10 月 13 日，刚满 17 岁的马克思第一次离开家乡，到波恩大学读书。这是马克思家的一件大事，全家都出动了，清晨 4 点起床，到汽船码头去送他。10 月 15 日，马克思注册成为一名法律系的学生。他父亲让他学法律，以便子承父业。马克思的父亲自然对自己的长子寄予了厚望："我希望你能成为我若是出生在你这么好的条件下可能成为的人。"[1]在一定

1　《马克思家书集》，人民出版社 1985 年版，第 3 页。

意义上，父亲把一生最重要的希望都寄托在了作为长子的马克思身上。甚至在患重病的弥留之际，马克思的父亲还在给儿子的信中强调："有一点你要永远相信，任何时候都不能怀疑，这就是你在我内心占着很大的位置，你是我生命中最强大的杠杆之一。"[1]整个大学期间，马克思虽然没有完全听从父亲的劝告和满足父亲的期望，但这并不代表马克思不爱自己的父亲。父亲去世后，马克思一直贴身带着父亲的一张相片，直到去世。在马克思去世后下葬时，恩格斯把这张相片连同马克思妻子和女儿的相片一起放进了棺材。

　　波恩大学有 700 名学生，是莱茵地区的思想中心。刚入学的马克思对学习很有热情，一下子选了九门课，非常用功。同一时期，他还写了一些诗歌，并成为诗歌俱乐部的成员。马克思很快就凭借着自身的学习能力与个人魅力引起了同学们的注意。他开始花时间打理自己浓密的头发，还长出了小胡须，讲话时带有轻微的读音错误以及明显的莱茵口音。由于马克思一入学就选了九门课，他的父亲为自己儿子的身体担忧，建议他少学点："九门课程，在我看来多了一点。我不希望你学的东西超过你的身体和精力所能支持的限度"，"一个体弱多病的学者是世界上最不幸

1　《马克思家书集》，人民出版社 1985 年版，第 68 页。

的人"。[1]1836年初，即在波恩大学的第二学期，马克思由于过度劳累，病倒了。医生建议他稍微休息一下，不要过于劳累，结果第二学期马克思基本就"休息"了，把课程减到四门，花在正规学习上的时间大大减少。

减少学业之后，马克思开始跟一帮同学抽烟、喝酒，出入酒吧、舞会，甚至打架；还成立了同乡会，就是波恩大学里来自特利尔城的三十多个同学组成一个同乡会，马克思是五个核心成员之一，不久又被选为会长。根据当时的一些记录，当同乡会的学生在一起欢度节日时，马克思总是很容易就被认出，因为"他总是用同乡会主席应有的庄严目光注视一切"[2]。作为会长，有时要为同乡帮忙出面摆事。在一次特利尔同乡会与普鲁士社团成员之间的冲突中，马克思跟一个贵族青年决斗（这种方式并不仅是马克思莽撞的青少年时期或敏感的恋爱时期才有的，在之后的1851年和1871年，马克思也曾两次提出过跟人决斗[3]），被刺伤了左眼角，还留下了一个疤痕（马克思认为这是他人生的第一枚荣誉勋章）。还有一次是半夜酗酒吵闹，影响了学校秩序和同学休息，被关禁闭一天。但所谓"禁闭"不是完全封闭起来的，同学们可以去

1　《马克思家书集》，人民出版社1985年版，第2—3、4页。
2　［法］雅克·阿塔利：《卡尔·马克思》，刘成富等译，上海人民出版社2010年版，第20页。
3　参见［美］乔纳森·斯珀伯《卡尔·马克思：一个19世纪的人》，邓峰译，中信出版社2014年版，第294页。

读波恩大学时的马
克思（画家大卫·李
维·埃尔坎于 1836
年为马克思作的石
版画肖像）

读柏林大学时的马克
思（1839 年）

马克思（1872 年）

看他，有些同学还带着扑克去陪他玩。可以说，作为
大一新生的青年马克思充满了激情，爱用极端的方式
开始每一件事。

马克思还有一个毛病，就是一生既不会挣钱也不
会花钱。上大学时，他把来自父亲的钱不假思量地花
费在了吃喝、住房以及购书上[1]。在波恩大学几个月
的时间里，他就欠下了高达 160 塔勒（1 塔勒相当于
3 马克）的债务（后来在柏林大学，这个毛病更是严
重，甚至一年花了 700 塔勒）。当时，马克思的父亲
是律师协会的主席，经济上可以支持他，但是他花钱

---

[1] 我们从马克思的父亲写给他的书信和汇款可以得知，马克思
读大学时购买了大量书籍，尤其是大部头的历史著作（参见《马
克思恩格斯全集》第47卷，人民出版社2004年版，第522页）。

如流水，一年花了很多钱，还欠了一些外债，给父亲写信主要就是要钱。马克思的父亲每学期都会收到一些杂乱无章、没有结算的"卡尔式账单"。说到账单，"这位货币流通的经典理论家就是到后来也从来没有弄清楚过"[1]。他父亲只好回信委婉地劝说，并暗示马克思的花销已大大超出了他们家的实际收入情况："你的债务——说真的，数目可不小——刚偿清"[2]。可以说，正是从读大学时起，对金钱的爱恨交织的复杂情感就拉开了序幕，并伴随了马克思的一生。总的来说，马克思在波恩大学的一年，与其说是在研习法律，不如说只是"住大学"。

青年马克思在波恩大学第一学年糟糕的表现，使其父亲认为波恩大学风气不好，他决定让儿子转学到校风更严谨的柏林大学继续学业——虽然马克思自己希望留在波恩大学完成自己的学业并在那里研究哲学而非法律。马克思的父亲认为柏林大学的各种诱惑将远少于波恩大学，会让自己寄予厚爱和希望的长子顺利完成学业并成为特利尔的律师，再不济也能当一名法律教师。他还写信劝告马克思："对你说来成为一个律师远不象当年你父亲成为一个律师那样难。"[3]

1　［德］弗·梅林：《马克思传》，樊集译，人民出版社1972年版，第11页。
2　《马克思家书集》，人民出版社1985年版，第64页。
3　《马克思家书集》，人民出版社1985年版，第25页。

1836 年波恩大学特利尔同乡会的大学生（后排右四为马克思）

　　然而，事与愿违，在柏林大学肆虐的偏执思想与激进的批判精神，使马克思成了一名永远的反抗者。

　　1836 年 10 月 22 日，马克思顺利转到了声誉比较好的柏林大学。柏林大学成立于 1810 年，虽然建校时间不长，却以优秀的学术品质和严谨的学术氛围著称。柏林大学的首任校长是哲学家费希特，后来的继任者是德国古典哲学的集大成者黑格尔。按照黑格尔《在柏林大学的开讲辞》（1818 年）中的说法，柏林大学是"大学的中心"[1]。柏林大学的气氛和波恩大学迥然不同：波恩是一座小城，柏林是一座大城

_____

1　［德］黑格尔：《小逻辑》，贺麟译，商务印书馆 2017 年版，第 31 页。

市；波恩大学只有七百多名学生，柏林大学的学生是
波恩大学的三倍；在波恩，决定这座城市的面貌和生
活的是一所大学，而在柏林，决定一切的却是国王的
宫廷和普鲁士军人；在波恩，饮酒作乐几乎可以耗尽
一个学生的大好时光，而在柏林，人们却能悄悄地避
开一切喧闹场合，深入学习。诚如费尔巴哈所言：比
起柏林大学的习艺所，其他大学就是不折不扣的小
酒馆。[1]

　　到柏林大学后，马克思的小宇宙再一次被彻底激
发了，他断绝了从前的一切交往，只想专心致志于科
学和艺术。在唯一保留下来的读大学时写给父亲的一
封信中，马克思表达了自己到柏林大学后重新开始的

柏林大学（马克思 1836 年 10 月—1841 年 3 月在此就读）

1　参见［德］海因里希·格姆科夫等《马克思传》，易廷镇、
　　侯焕良译，生活·读书·新知三联书店 1978 年版，第 12 页。

愿望："生活中往往会有这样的时机，它好象是表示过去一段时期结束的界标，但同时又明确地指出生活的新方向。"[1]

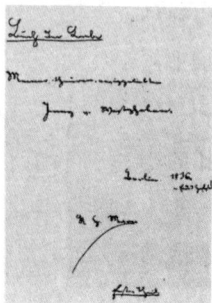

马克思写给燕妮的诗集《爱之书》

最开始，由于远离家乡和心爱的燕妮，抒情诗成为马克思"首要的题材，至少也是最愉快最合意的题材"。他继续坚持写诗，为燕妮写了三册诗集：《爱之书》（第一部）、《爱之书》（第二部）和《歌之书》。这三册诗集都是"献给我亲爱的永远爱着的燕妮·冯·威斯特华伦"。但马克思慢慢也认识到"写诗可以而且应该仅仅是附带的事情"，这实际上也是他父亲多次写信劝告他的。进入柏林大学后，马克思确实戒掉了一些"恶习"——乱花钱除外。"到了柏林以后，我断绝了从前的一切交往，有时去看人也是勉强的，只想专心致志于科学和艺术。"[2]马克思首先放弃的是写诗：

> 对我当时的心情来说，抒情诗必然成为首要的题材，至少也是最愉快最合意的题材。然而它是纯理想主义的；其原因在于我的情况和我从前的整个发展。我的天国、我的艺术同我的爱情一样都变成了某种非常遥远的彼岸的东西。一切现实的东西

1　《马克思家书集》，人民出版社1985年版，第45页。

2　《马克思恩格斯全集》第40卷，人民出版社1982年版，第9页。

都模糊了，而一切正在模糊的东西都失去了轮廓。对当代的责难、捉摸不定的模糊的感情、缺乏自然性、全凭空想编造、现有的东西和应有的东西之间完全对立、修辞学上的考虑代替了富于诗意的思想，不过也许还有某种热烈的感情和对蓬勃朝气的追求，——这就是我赠给燕妮的头三册诗的内容的特点。无边无际的、广泛的渴求在这里以各种不同形式表现出来，使诗作不够紧凑，显得松散。[1]

对此，马克思冷静地告诉（部分也是安慰）父亲："但是写诗可以而且应该仅仅是附带的事情，因为我应该研究法学，而且首先渴望专攻哲学。"[2]马克思内心真正喜欢的，依然还是哲学——"没有哲学我就不能前进。这样我就必须怀着我的良知重新投入她的怀抱，并写了一个新的形而上学原则的体系"[3]。在柏林大学，放弃写诗之后的青年马克思，先倾力于法学，从法的经验研究过渡到法哲学，再从法哲学过渡到一般哲学，开始由一个"浪漫诗人"慢慢转向了"哲学博士"。

《马克思诗集》，陈玢、陈玉刚译，百花文艺出版社2012年版

可以说，在柏林大学读书的青年马克思，从法学

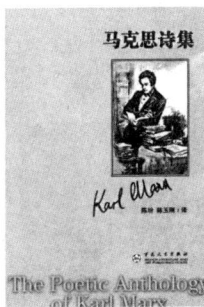

1　《马克思恩格斯全集》第40卷，人民出版社1982年版，第9—10页。
2　《马克思恩格斯全集》第40卷，人民出版社1982年版，第10页。
3　《马克思恩格斯全集》第40卷，人民出版社1982年版，第13页。

塔西佗（约55—约120），罗马帝国时代著名的历史学家、文学家和演说家，他在罗马史学上的地位犹如修昔底德在希腊史学上的地位，主要著作有《日耳曼尼亚志》《编年史》等

歌德（1749—1832），德国著名思想家、作家，也是世界文学领域中一个出类拔萃的光辉人物，其文学作品和思想深受马克思喜爱，主要著作有《浮士德》《少年维特之烦恼》等

转向哲学，学术研究的生活愿景逐渐代替了他父亲给他作出的法律生涯的职业规划。马克思的父亲对儿子在柏林大学读书时的表现可谓喜忧参半。但对于马克思的用功学习，父亲还是写信提醒他："我对你只有一个要求，希望你在学习上不要过于用功，千万要保护好你的体力和你已经很差的视力。"[1]

在柏林大学期间，马克思研究刑法学、民法和教会法，并把罗马法全书头两卷译成德文，还用三百页的篇幅阐述自己的法哲学思想："一方面，我读了——不加任何批判地，只是按学生的方式——海奈克齐乌斯和蒂博的著作以及各种文献（例如，我把罗马法全书头两卷译成德文），另一方面，我试图使某种法哲学体系贯穿整个法的领域。我在前面叙述了若干形而上学的原理作为导言，并且把这部倒霉的作品写到了公法部分，约有三百印张。"[2]马克思还把亚里士多德的《修辞学》的部分内容从希腊文译成德文，把罗马历史学家塔西佗的《日耳曼尼亚》和罗马诗人奥维狄乌斯的《哀歌》从拉丁文译成德文。他还开始自学英文

_____

1　《马克思家书集》，人民出版社1985年版，第17页。
2　《马克思家书集》，人民出版社1985年版，第47页。

和意大利文，写了一部幽默小说《斯科尔皮昂和费利克斯》，还受《浮士德》影响创作了幻想剧本《乌兰内姆》。可以说，马克思博士及其《博士论文》的形成，都从他大学岁月的哀歌精神和审美激进主义中汲取了大量资源。所以，试图抛开埃斯库罗斯和荷马来理解马克思无异于尝试抛开亚当·斯密和李嘉图来理解他。[1] 实际上，在柏林大学就读期间（特别是大学

埃斯库罗斯（约前 525—前 456），古希腊悲剧诗人，与索福克勒斯和欧里庇得斯一起被称为古希腊三大悲剧家，有"悲剧之父"的美誉，主要著作有《被缚的普罗米修斯》《阿伽门农》等

荷马（约前 9—前 8 世纪），古希腊盲诗人，相传著名的古希腊长篇叙事史诗代表作《伊利亚特》和《奥德赛》为他所作，他的杰作《荷马史诗》在很长时间里影响了西方的宗教、文化和伦理观

---

1 参见［美］乔治·麦卡锡《马克思与古人——古典伦理学、社会正义和 19 世纪政治经济学》，王文扬译，华东师范大学出版社 2011 年版，第 27 页。

亚当·斯密（1723—1790），英国经济学家、哲学家，政治经济学体系的创立者，强调自由市场、自由贸易以及劳动分工，被誉为"古典经济学之父"，马克思称之为"国民经济学的路德"，主要著作有《国富论》《道德情操论》

大卫·李嘉图（1772—1823），英国经济学家，古典政治经济学的完成者，继承并发展了斯密的自由主义经济理论，主要著作有《政治经济学及赋税原理》。拉萨尔称马克思为"变成社会主义者的李嘉图"

的第一学期），马克思陷入了"孤独天才的疯狂"。正是由于这一天才的"疯狂"，马克思最终砥炼成了知名的"红色博士"。

从 1839 年初到 1841 年初，马克思用了近两年的时间，通过大量阅读和摘录，修改完成了《博士论文》，并将《博士论文》寄给了耶拿大学。耶拿大学始建于 1558 年，是德国最古老的大学之一，也是马克思所在时代德国唯——所既不要求住校也不需要个人到场做正式答辩就可以接收并通过论文的大学，因此它授予博士学位的费用也最低。[1] 1841 年 4 月 15 日，耶拿大学哲学系系务委员会七位成员一致通过，授予马克思哲学博士学位——一位"为人类而工作"的伟大"红色博士"诞生了。

seit 1558

耶拿大学校徽

2. 写了七本笔记

马克思一生最喜欢做的事就是"啃书本"。他常说：书是我的奴隶，应当按我的意志为我

1　参见［美］乔纳森·斯珀伯《卡尔·马克思：一个 19 世纪的人》，邓峰译，中信出版社 2014 年版，第 46 页。

服务。[1]在19世纪30—40年代德国柏林的一间小屋里，月光和烛光下，马克思度过了不知多少个不眠之夜。他把大自然、艺术、击剑、朋友都忘在了脑后，只有书没有忘！而且书根本不是奴隶，而是一群狡猾的海妖；马克思也不是它们的主宰，而是一位如饥似渴求知的、被真理的旋律迷住的不知疲倦的旅行者。他钻研艺术史、法哲学，钻研康德、费希特、黑格尔等的纲要和概念。"他把自己封闭在房间里，开始了惊人的独立研究，这使他很快掌握了远远超出他选修科目的知识"[2]。自读大学时起，马克思就养成了大量购买图书和认真阅读并摘录笔记的好习惯。

［苏联］瓦·奇金：《马克思的自白》，蔡兴文等译，中国青年出版社1982年版

"这时我养成了对我读过的一切书作摘录的习惯——例如，摘录莱辛的《拉奥孔》、佐尔格的《埃尔温》、温克尔曼的《艺术史》、卢登的《德国史》——并顺便在纸上写下自己的感想。同时我翻译了塔西佗的《日耳曼尼亚》和奥维狄乌斯的《哀歌》，并且开始自学，即根据文法学习英文和意大利文——直到现在还没有什么成绩，我读了克莱因的《刑法》和他的《年鉴》以及所有的文学新作，不过后者只是顺便浏览而已。"[3]

1 参见［苏联］瓦·奇金《马克思的自白》，蔡兴文等译，中国青年出版社1982年版，第125页。

2 ［意］马塞罗·默斯托：《另一个马克思》，孙亮译，中国人民大学出版社2022年版，第22页。

3 《马克思恩格斯全集》第40卷，人民出版社1982年版，第14页。

对马克思来说，摘录的阅读笔记是他通往科学发现的可靠桥梁，而且马克思把这一习惯保持了终生。仅马克思上大学时的阅读量，可能我们一辈子也难以达到。"他在两个学期中所获得的大量知识，如果按照学院式的喂养方法在讲堂上点点滴滴地灌输的话，就是二十个学期也是学不完的。"[1]可以说，至少是自上大学起，马克思就是一个读书狂，一个爱读书爱思考的人——"由于思考是他无上的乐事，他的整个身体都为头脑牺牲了"[2]。

1843年6月19日，马克思和燕妮经过七年的漫长恋爱，终于在德国美丽的边境温泉小镇克罗茨纳赫

19世纪40年代的克罗茨纳赫

1　[德]弗·梅林：《马克思传》，樊集译，人民出版社1972年版，第18页。
2　《回忆马克思》，人民出版社2005年版，第191页。

走进了婚姻的殿堂。婚后他们一起去瑞士度蜜月，马克思的行李箱里还装了 45 本书——他随身携带，打算蜜月期间研读，其中包括黑格尔、卢梭、马基雅维利和夏多布里昂的作品。[1]蜜月结束后，1843 年 10 月，应卢格之邀，马克思和燕妮一起去了世界之都巴黎。欧洲革命失败后，马克思一家又被迫流亡伦敦。移居伦敦多年之后的 1868 年 4 月，马克思的二女儿劳拉在法国巴黎度蜜月的时候，他还写信让她帮自己查阅和购买所需的图书："顺便提一下，既然我们已经谈到了书籍问题，你就到吉洛曼公司（黎塞留街 14 号）去一趟，买一些该公司出版的 1866—1868 年图书通报（经济方面的）。你还可以去一下'国际书店'（蒙马特尔林荫路 15 号），向他们要一些目录（1865—1868 年）。"[2]对此，马克思在信中解释说，自己"只不过是一架机器，注定要吞食这些书籍，然后以改变了的形式把它们抛进历史的垃圾箱"[3]。由该书信我们也很容易看出，马克思本人虽然只在巴黎居住了不到一年半的时间（1843 年 10 月—1845 年 2 月），却对巴黎的出版公司和书店烂熟于心。

马克思的《博士论文》从收集资料到整理完善再

1　参见［美］玛丽·加布里埃尔《爱与资本：马克思家事》，朱艳辉译，湖南人民出版社 2018 年版，第 41 页。

2　《马克思家书集》，人民出版社 1985 年版，第 175—176 页。

3　《马克思家书集》，人民出版社 1985 年版，第 176 页。

（上图）斯宾诺莎（1632—1677），荷兰哲学家，近代西方哲学的三大理性主义者之一，与笛卡尔和莱布尼茨齐名，主要著作有《神学政治论》《伦理学》《笛卡尔哲学原理》《知性改进论》等

（下图）［荷］斯宾诺莎：《神学政治论》，商务印书馆 2013 年版

到完成写作，差不多经历了两年多的时间。在布鲁诺·鲍威尔的影响下，从 1839 年初到 1840 年初，马克思为撰写博士学位论文而大量阅读和摘录相关著作。他读了亚里士多德、塞克斯都·恩披里柯、第欧根尼·拉尔修、欧瑟比、亚历山大里亚的克雷门，利用了辛普修斯、约翰·斯托贝、约翰·菲洛朋的注释和当代的伊壁鸠鲁研究者的注释，也研读了现代哲学，如伽桑狄、斯宾诺莎、培尔、莱布尼茨、霍尔巴赫和谢林的著作。[1] 很显然，从马克思在波恩大学和柏林大学的阅读和学习可以看出，马克思对古人的兴趣不断增加，古人为他提供了丰厚的资源和营养，而其中最为重要的就是马克思做的"关于伊壁鸠鲁哲学"的七本笔记。笔记的重点是关于伊壁鸠鲁哲学的研究，此时的德谟克利特还是陪衬。其中论述了伊壁鸠鲁学派与斯多葛学派的联系，

莱布尼茨（1646—1716），德国哲学家、数学家，近代唯理论主要代表人物之一，历史上少见的通才，被誉为"17 世纪的亚里士多德"，主要著作有《人类理智新论》《单子论》等

1　参见［法］奥古斯特·科尔纽《马克思恩格斯传》第一卷，刘丕坤等译，生活·读书·新知三联书店 1963 年版，第 202 页。

希腊哲学中哲人的观念，苏格拉底和柏拉图关于宗教观点的联系，以及后期黑格尔哲学的前景等问题。这七本笔记成了马克思写作《博士论文》最直接的理论素材，并得到了广泛的利用，像《博士论文》中引用的卢克莱修、普卢塔克、第欧根尼·拉尔修、西塞罗等人对伊壁鸠鲁哲学的记载，还有亚里士多德及其门人西姆普利齐乌斯等人对伊壁鸠鲁哲学的记载。仅就关于伊壁鸠鲁哲学的阅读和摘录而言，马克思使用了当时几乎所有记叙过伊壁鸠鲁学派的古代作家的著作。除了细致研究第欧根尼·拉尔修的《名哲言行录》外，马克思还广泛涉猎了涉及伊壁鸠鲁学派的普卢塔克的论文、西塞罗的对话等，而且对伽桑狄关于伊壁鸠鲁的阐释，马克思也认真作了批评，另外还包括他那个时代的一些包括黑格尔在内的哲学史著作。1840年上半年开始，马克思又摘录和撰写形成了八册"柏林笔记"，包括：亚里士多德《论灵魂》（第三册），斯宾诺莎《神学政治论》和《书信》，莱布尼茨《逻辑学和形而上学》，休谟《人性论》以及罗生克兰茨《康德哲学史》等。在实质性意义上，马克思的《博士论文》正是马克思认真读书思考的第一次公开集中展现。《博士论文》不仅仅是指马克思申请博士学位时提交给耶拿大学的《德谟克利特的自然哲学与伊壁鸠鲁的自然

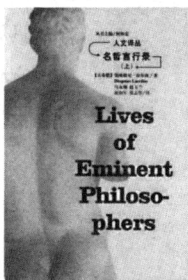

（上图）第欧根尼·拉尔修（约200—约250），罗马帝国时代的古希腊哲学史家，以希腊文写作，编有古希腊哲学史料《名哲言行录》（下图）［古希腊］拉尔修：《名哲言行录》，马永翔译，吉林人民出版社2003年版

哲学的差别》一文，还应该包括马克思为撰写《博士论文》而阅读和摘录的七本《关于伊壁鸠鲁哲学的笔记》。在此意义上，可以说马克思的《博士论文》不是单独的一本，而是一个庞大的文本群——马克思倾其一生的《资本论》同样如此[1]——这也是马克思一生的阅读习惯和写作风格。

　　毫不夸张地说，马克思写作《博士论文》时，对所需要的基本文献的掌握相当翔实，他几乎阅读和掌握了当时所能找到的所有文献材料。根据布鲁诺·凯撒在《马克思和恩格斯的藏书》中的研究，马克思的书房藏有 89 卷古希腊和古罗马作者的书（其中 48 卷为原始语言的版本），包括：荷马、修昔底德斯、哈利卡纳苏斯的狄奥尼修斯、狄奥多鲁斯、伊索克拉底、阿比安、第欧根尼·拉尔修、亚里士多德、埃斯基恩、埃斯库罗斯、德摩斯梯尼、贺拉斯、特伦斯、西塞罗、品达、塔西佗、恩培里可，翻译过来的有塞涅卡、卢西安、色诺芬、普卢塔克和普林尼，还有许多当代人论古人的书。[2] 由此可见，马克思的《博士论文》完

1　马克思 1850 年 6 月获得了一张大英博物馆阅览室的免费阅读证，从此这个阅览室成了马克思的"半个家"。马克思为撰写《资本论》，在这里阅读了 1500 多本书，做了 100 多册的摘录和笔记。

2　参见［美］麦卡锡选编《马克思与亚里士多德——十九世纪德国社会理论与古典的古代》，郝亿春等译，华东师范大学出版社 2015 年版，第 157 页。

全是用所阅读的大量文献"堆"出来的。但一生充满怀疑精神的马克思，绝不会被文献牵着走，而是让文献服务于自己——为我所用。在此意义上，马克思博士及其《博士论文》就是让伊壁鸠鲁等哲学家"为我所用"的产物——《博士论文》是马克思思想的"第一次巨大的自我深化"[1]。

---

1 ［法］奥古斯特·科尔纽：《马克思恩格斯传》第一卷，刘磊等译，生活·读书·新知三联书店 1963 年版，第 214 页。

后　记

马克思的《博士论文》——《德谟克利特的自然哲学和伊壁鸠鲁的自然哲学的差别》，作为马克思的"小百科全书"，既是马克思的"哲学的自白"——哲学作品的第一次公开出场，也是青年马克思"激情燃烧的岁月"——个人成长与心智发展的理论表征。

但诚如德裔美籍哲学家阿伦特所言："要对卡尔·马克思进行思考或写点什么，绝不是一件容易的事情。"马克思的《博士论文》确实不是"通俗易懂"的，而撰写关于《博士论文》的"导读"也"绝非易事"。所以，撰写这本作为"导读"的小册子的过程，也是推动自己深入阅读和学习的过程。实际上，马克思自己也曾断言："人体解剖对于猴体解剖是一把钥匙。"在此意义上，要读懂《博士论文》，就必须结合马克思的相关书信和后期的系列论著以及关于马克思的传记和相关研究文献来进行。我个人认为，借助作为马克思的"百科全书"的《资本论》来阅读《博士论文》，是一条值得尝试的有效途径。可以说，《博士论文》既是《资本论》的古希腊思想源头，也架起了古希腊思想通向《资本论》的"桥梁"。

《博士论文》作为马克思第一部比较系统完整的哲学作品，既是马克思不同于黑格尔和青年黑格尔派"解释世界"的"改变世界"之哲学观的"天才萌芽"，也是马克思借鉴伊壁鸠鲁超越黑格尔辩证法而创建自己辩证法的第一次"尝试"，还是马克思追求人之自由解放的"政治图景"的第一次呈现。《博士论文》就是马克思哲学革命的"突破口"和"新哲学"的发端。借用马克思评价《精神现象学》是黑格尔哲学的"诞生地和秘密"的说法，《博士论文》就是马克思哲学的真正"诞生地和秘密"。通过对《博士论文》的"导读"，我们在理解马克思哲学"秘密"的同时，也体验到青年马克思那非凡的学习智慧和大胆的批判精神，特别是他那作为"人间的普罗米修斯"之"目标始终如一"——立志为人类幸福而斗争——的无限激情。

阿伦特曾谦虚地称自己对马克思的关注是"小小的马克思研究"。借用阿伦特的这一说法，希望自己对《博士论文》的"导读"也能够算得上是"小小的《博士论文》研究"。

本书的撰写和出版，特别感谢南京大学哲学系的张亮教授和孙乐强教授，以及江苏人民出版社的编辑们。

白　刚

2022 年 5 月 5 日马克思诞辰 204 周年纪念日于长春